# 부동산
# 왕초보
# 엄마의
# 기적의 재테크

당신을 부자로 만들어줄

# 부동산 왕초보 엄마의 기적의 재테크

김은화 지음

미다스북스

# 왜 지금 부동산 재테크를 해야 하는가?

**인생역전의 시간은 언제라도 늦지 않다**

'삶은 지옥이다.'라는 말이 언제나 뇌리에 박혀 있었다. 그만큼 내 인생
은 호락호락하지 않았다. 어린 시절부터 생활전선에 뛰어들어야 했다.
하고 싶은 것 하나 제대로 해보지 못하고 살았다. 어른이 되어서도 달라
지지 않았다. 결혼을 하고 얼마 지나지 않아 IMF의 여파로 회사를 그만
두게 되면서 모든 게 뒤죽박죽이 되었다. 행복해야 할 신혼은 잿빛으로
변했다.

시련은 한 번으로 끝나지 않았다. 유독 힘든 상황은 나에게만 온다는

생각이 들 정도로 힘들고 고통스러운 현실이었다. 빚보증으로 인해 살고 있던 집을 처분해서 빚을 갚는 데 몽땅 넣어야 했다. 아이를 데리고 원룸에 살면서 죽고 싶은 마음이 하루에도 12번도 더 들었다. 4살 된 딸아이가 옆에서 재롱을 떠는 모습을 보다가도 어두운 생각이 머릿속을 스치고 지나갔다.

"내가 세상을 떠나면 어린 딸은 앞으로 더 비참하고 힘들게 살게 되겠지."

그래서 나는 마음을 고쳐먹기로 했다. 생각을 바꾸고 나니 조금씩 마음이 가벼워졌다.

"다시 시작하면 돼! 늦지 않았어!"

스스로에게 자꾸 주문을 걸었다. 인생이란 힘들다고 생각하면 할수록 더 힘들어지고 나아지지 않는다는 것을 깨달았다. 나 자신을 더 비참하게 만드는 그 암담한 구덩이에 빠지지 않도록 정신을 바짝 차려야 했다. 다시 힘을 내어 일어서기 위해 온갖 일을 다하면서 발버둥치듯이 살았다. 하지만 돈은 내가 생각한 대로 모이지 않았다. 집에서 살림을 하다 보면 생각지도 못한 일들로 조금씩 모아놓은 돈은 순식간에 사라지게 된다. 이러한 일들이 반복되다 보니 삶의 의욕이 떨어지면서 미래에 대한 불안감이 나를 사로잡았다. 그러던 중 대출을 끼고 산 아파트가 직장 월급으로는 모을 수 없는 정도의 돈을 불려주었다. 그 순간 '이게 뭐지?'라는 생각과 동시에 부동산 투자를 하면 돈을 벌 수 있겠다는 생각이 번쩍 들었다.

## 당신에게 오는 기회를 반드시 잡아라

인생에는 살아가면서 3번의 기회가 온다고 한다. 하지만 기회를 기회로 보지 못하는 것이 문제다. 나도 여태껏 기회를 보는 눈이 없었기 때문에 힘든 삶을 살았다. 그리고 기회를 잡을 준비도 하지 않았다. 새로운 일을 할 때면 항상 망설였고 생각으로 끝내기 일쑤였다. 지나고 나면 '그때 한번 해볼 걸.' 하는 생각이 들었다. 한마디로 남들이 잘 되고 나면 그런 생각이 드는 것이다. 도전 없는 삶은 늘 제자리일 뿐이다. 나는 벼랑 끝에 내몰린 상황에서 절박함을 가지고 두려움을 이겨냈다. 부동산 투자가 내 인생의 마지막 기회라 생각하고 열정을 다했다. 사람이 목표와 꿈을 가지고 노력하면 행운이 따르는 법이다. 내가 여기까지 올 수 있었던 것은 부자로 살고 싶다는 욕망으로 도전했기 때문이다. 개인 저서인 이 책을 집필하는 행운도 잡을 수 있었다.

남들과 똑같은 생각으로는 절대로 부자로 살아가지 못한다. 지금은 저축의 시대에서 투자의 시대로 바뀌었다. 합리적인 투자 없이 저축만으로 내 집 마련과 자녀 교육비, 노후자금을 마련할 수 없다. 예금금리가 2%인 시대에 은행에 목돈을 묶어두면 오히려 손해다. 돈의 값어치는 점점 더 내려가고 있다. 월급으로 모은 얼마 되지 않는 돈으로는 100세 시대에 30년 이상의 노후 생활을 감당할 수 없다. 많은 사람들은 젊음을 담보로 노후를 준비하고 있다.

직장생활만으로는 경제적인 어려움을 극복하기 힘들다. 소비생활은 자본주의 사회에서 끊임없이 발생하는 일상이다. 앞으로 시간이 가면 갈수록 지출이 많아지고 돈을 벌 시간은 짧아진다. 재테크를 하지 않고선 부자로 살아가지 못한다. 부동산은 가장 안전하고 부를 안겨 주는 최고의 재테크다. 부동산은 희소가치와 내재가치가 있는 실물자산이다. 인플레이션에 따라 화폐가치는 계속 하락하지만 부동산은 장기 보유 시 자산가치가 상승한다.

부동산 투자에 대한 편견을 버리면 풍요롭게 부를 누리며 살아갈 수 있는 길이 열린다. 무형의 자산이 아닌, 건실하게 보이는 부동산을 기반으로 금융자산 파이프라인을 만들어야 한다. 그 어떤 투자도 완벽하지 않다. 확실한 판단이 섰다면 망설이지 말고 적극적으로 나서야 한다. 공부를 통해 완벽한 지식을 습득하고 투자에 나서겠다고 생각하는 사람은 평생 그렇게 하지 못한다. 부동산 공부와 투자를 병행해야 한다. 혼자서 판단하기 어렵다면 전문가의 조언과 컨설팅을 받으며 안정적으로 투자하면 된다. 이 책이 많은 사람들의 부동산 투자 방향을 바로 잡아주고 동기부여로 희망을 주고 힘이 되는 역할을 할 것이다. 더 이상 많은 고민을 하지 말고 부동산 공부와 투자로 더 나은 미래를 설계하길 바란다.

마지막으로 이 책을 쓸 수 있도록 물심양면으로 도와주신 '한국책쓰기 1인창업코칭협회' 김태광 대표님과 권동희 회장님께 진심으로 감사함을 전한다. 언제나 항상 힘이 되어주는 엄마께 감사하고 사랑한다는 말을 전하고 싶다. 그리고 남편과 딸 수빈이에게도 고맙고 사랑한다는 말을 전한다.

이 책을 읽는 모든 사람들이 희망과 꿈을 이루며 살아가는 행복한 부자가 되길 바란다.

## 목차

**1장**

# 나는 왜 하필 부동산을 선택했는가?

# 1장

# 나는 왜 하필
# 부동산을 선택했는가?

# Miracle Investment

# 01 사라지지 않는 부동산에 투자하라

선택은 순간이지만, 그 결과는 평생 영향을 끼칠 것이다.
– 엠제이 드마코 (『부의 추월차선』 저자)

**부동산에 대한 확고한 믿음으로 투자하라**

열심히 살아왔지만 만족하는 삶은 살지 못했다. 행복하고 풍요로운 인생을 추구했지만 나의 바람과 달리 인생살이가 호락호락하지 않았다. 돈을 많이 벌고 싶은 마음은 굴뚝 같은데 두려움과 방법을 몰라 '무엇을 해야 돈을 벌지!' 하고 망설이다가 생각만으로 끝이 나기 일쑤였다. 내가 원하는 삶이 무엇인지 잊어버리고 현실에 안주하며 다람쥐 쳇바퀴 같은 인생을 살았다.

주위에 장사를 해서 돈을 많이 벌었다는 사람이 있는가 하면 쫄딱 망했다는 사람도 있다. 이런 이야기를 들을 때면 나는 망했다는 사람의 이야기가 귀에 쏙쏙 더 잘 들어온다. 망했다는 말은 재산을 잃었다는 것이기 때문에 걱정이 앞선다. 나도 장사를 하면 망할 수도 있겠다는 생각이 나의 마음속을 꽉 채우기 때문이다. 항상 걱정이 많은 나는 얼마 안 되는 돈을 잃을까봐 도전하지 않고 포기해버린다. 돈은 많이 벌고 싶지만 위험하다는 생각이 드는 일은 하고 싶지 않았다.

한참 펀드 수익이 높을 때 펀드 가입 열풍이 불었다. 그때 나도 높은 펀드 수익률에 놀라 은행에 가서 통장을 개설했다. 통장에 매달 꼬박꼬박 적금처럼 부었지만 수익률은 생각만큼 좋지 못했다. 주식시장이 안 좋아 수익률이 마이너스로 내려갈 때면 불안했다. 피 같은 돈을 잃을까봐 은근히 신경이 쓰였다. 나는 펀드로 돈을 모으기는 쉽지 않고 이런 식으론 부자가 될 수 없다고 생각했다.

하지만 부동산 투자를 하면서 돈을 잃을 거란 걱정이 싹 사라졌다. 돈의 단위는 크지만 부동산에 대한 믿음이 확고했다. 부동산은 직접 눈으로 보고 고를 수 있으며 내 자본금에 맞는 물건을 찾아 매입할 수 있다. 스스로 판단하고 선택을 할 수 있어서 좋다. 나는 모델하우스를 자주 보러 다닌다. 요즘 분양하는 아파트의 트렌드를 알 수 있고 사람들이 선호하는 아파트 취향과 궁금한 정보를 구체적으로 물어보고 상담할 수 있다. 또한 구경하는 재미가 쏠쏠하다.

　대구 읍내동 34평 대 모델하우스 구경을 갔다. 아파트 내부 구조와 실내 인테리어를 둘러보니 새 아파트에 살고 싶다는 생각이 들었다. 그런 생각이 드는 순간 아파트를 분양을 받아 투자를 해도 괜찮겠다는 마음이 생겼다. 나는 분양사무소에서 상담을 받았다. 궁금한 여러 가지를 물어봤다. 상담원이 말한 내용이 그대로면 분양을 받아도 좋을 것 같았다. 나는 남편과 분양하는 아파트 현장에 가보기로 했다. 직접 눈으로 주변 환경과 호재가 있는지 확인을 했다. 현장을 확인하고 나니 계약을 해도 되겠다는 믿음이 생겼다. 그렇게 해서 기분 좋게 계약을 했다. 남편은 투자 목적으로 분양을 받았다는 것을 아는데도 새 아파트에 살고 싶다는 욕심이 생겼는지 말했다.

"우리 분양 받은 집으로 이사 가서 살자."
"모델하우스 보니 새집에 들어가 살고 싶지!"
"응!"

　살고 있는 집은 23평이다. 세 식구가 살기에는 괜찮지만, 우리 집보다 넓고 인테리어와 구조도 예쁘게 잘 나와 살고 싶은 마음이 들었던 모양이었다. 나는 투자 방향을 살짝 바꾸기로 했다. 가족들이 원하면 그에 맞게 나의 투자 방법을 약간 변경을 하면 되기 때문이다. 우리가 살고 있는 집을 전세로 돌리고 분양 받은 아파트로 이사하기로 가족과 결정했다. 남편과 딸아이는 너무 좋아했다. 그 모습을 보는 나도 뿌듯하고 행복했다.

## 전세가가 상승하는 곳, 전세가율이 높은 곳을 주목하라

친구 남편은 주식으로 돈을 많이 잃었다. 처음 시작할 때는 주식으로 수익을 얻어 재미를 봤다. 그때부터 주식에 올인하기 시작했다. 직장에서 퇴근하면서도 주식에 집중하며 은행에 돈을 빌려 계속 주식을 샀다. 그러다 주식이 폭락하면서 집을 팔아야 하는 지경에 이르렀다. 한순간에 월세집으로 옮겨야 했고 부부싸움이 잦아 부부관계도 좋지 못했다. 이혼의 위기가 찾아왔지만 아이들 생각에 참고 가정을 지키고 살고 있다. 우리 주위에 흔히 볼 수 있는 이야기다.

모든 투자는 위험이 따른다. 하지만 주식은 내가 원하는 대로 마음대로 움직여주지 않는다. 하루에도 올랐다가 내렸다 하는 주식은 피를 말린다. 주식은 경제 상황에 따라 변동이 너무 잦고 나에게 주도권이 주어지지 않는다. 순식간에 나의 소중한 돈이 휴지 조각으로 사라지는 위험한 투자라고 생각한다.

나는 사라지지 않는 부동산이 좋아 꾸준히 투자를 한다.
재산을 지킬 수 있고 더 많은 자산을 늘리는 데에
더없이 좋은 투자라고 생각한다.

부동산 투자도 잘못하면 손해를 본다. 하지만 손을 쓸 수 없을 정도로 한순간에 사라지지 않는다. 여러 가지 방법으로 위기를 모면할 수 있다. 미리 투자하기 전에 시장 조사를 제대로 하면 크게 걱정할 필요가 없다. 수요가 꾸준한 곳에 소형 아파트를 공략하면 안전하게 투자를 할 수 있다. 아무런 지식이 없는 상태에서 무작정 투자에 뛰어들지만 않는다면 안전하다. 전세가가 꾸준히 상승하는 곳과 매매가 대비 전세가율이 85% 이상이라면 투자하기에 적합하다. 이런 곳은 나중에 매매가를 끌어올리기도 하지만 전세가 상승이 곧 나의 수익으로 이어진다. 수익금으로 또 다른 곳에 투자를 해서 자산을 늘려나가면 된다. 단, 전세가의 상승이 단기간에 일어났다면 투자를 하지 말아야 한다.

나는 사라지지 않는 부동산이 좋아 꾸준히 투자를 한다. 재산을 지킬 수 있고 더 많은 자산을 늘리는 데에 더없이 좋은 투자라고 생각한다. 주식이나 펀드처럼 돈이 숫자가 되어 사라지지 않기 때문에 더없이 좋은 투자다.

지금 시대에 인플레이션으로 돈의 가치가 떨어지고 있다. 돈의 가치하락으로 인해 실물자산인 부동산은 가격이 꾸준히 올라 자산을 늘려주는 역할을 한다. 이런 시대에 투자를 하지 않고 현금을 보유한다면 재산은 점점 줄어들고 손해를 보는 꼴이 되고 만다. 은행에 예금으로 묶어놓은 돈은 부자인 사람들이 대출을 받아 레버리지를 통해 많은 수익을 내는 도구가 된다. 그러나 정작 은행에 돈을 맡긴 고객에게는 아주 적은 이자만 주어진다. 보통 사람들은 은행이 제일 안전하다고 믿는다. 하지만 현금으로만 자산을 지키려다가 자신의 재산이 물가 상승으로 인해 야금야금 줄어든다는 사실을 알아야 한다.

부동산 규제로 예전만큼 투자하기가 쉽지 않다. 하지만 모든 부동산이 다 힘든 건 아니다. 불황이지만 그 속에도 기회는 존재한다. 그런 곳을 찾아서 투자를 하는 것이 투자자의 자세이고 나를 더 부자로 만들어 준다고 생각한다. 많은 사람들이 몸을 웅크리고 숨을 죽이고 있을 때 또 다른 기회를 내다보고 투자를 멈추지 말아야 한다.

많은 사람들이 부동산을 갖고 싶어 하고 부자가 되고 싶다는 생각만 한다. 그저 많이 가진 자를 부러워하고 간혹 비난하기도 한다. 그런 사람들을 보면서 부러워하고 욕을 하기 전에 어떻게 해서 부를 이루고 사는지 생각해보고 따라 하려고 노력해야 한다. 세상에는 공짜가 없다. 열심히 씨를 뿌리고 가꾸고 꾸준히 노력한다면 좋은 결실을 맺을 것이다.

**매매가 대비 전세가율이 높은 아파트를 공략하라!**

부동산은 실체가 있는 유형 자산이다. 한순간에 사라지는 주식과 다르다. 인플레이션에 강하며 물가 상승률에 따라 가격이 상승하기 때문에 겁내거나 두려워할 필요가 없다. 하지만 제대로 된 부동산을 찾는 것이 중요하다.

전세가는 현재의 수요의 인기를 의미한다. 아파트 매매가 대비 전세가 비율이 85% 이상이라면 전세가가 오르면서 매매가를 밀어 올린다. 하지만 단기간에 밀어 올린 전세가율은 거품이다. 이런 곳은 투자를 하면 안 된다. 그리고 반드시 환금성이 있는 소형 아파트 위주로 투자하기를 권한다.

# 02 월급만으로는 결코
# 경제적 자유를 확보할 수 없다

부자인 것이 행복이 아니라 부자가 되는 것이 행복하다.
– 스탕달(프랑스의 작가)

**언제까지 한 달 벌어 한 달 먹고살 것인가?**

회사생활을 아무리 열심히 해도 삶은 늘 제자리에서 맴도는 환경에 놓여 있다. 이런 답답한 마음은 나만 느끼고 있을까? 많은 사람들이 느끼고 있는 현실이라고 생각한다. 직장생활만으로 절대 경제적 자유를 가질 수 없다. 자신이 일하는 시간과 관계없이 소득이 있어야 한다. 부자들은 시간에만 온전히 매달려 돈을 벌지 않는다.

나는 일찍 사회생활 전선에 뛰어들었다. 가정 형편이 어려워 무엇을 하고 싶고 어떤 선택을 해야 하는지를 마음 놓고 고민해볼 겨를이 없었다. 딴생각할 여유도 없이 당연히 돈을 벌어야 한다고 생각했기 때문에 직장생활은 나에게 큰 희망이었다. 처음으로 월급을 받아서 가족들에게 필요한 물건을 사고 가정에 금전적인 보탬이 되니 행복했다. 어린 나이에 열심히 돈을 모으면 부자로 살 수 있다고 믿었다.

하지만 세월이 지나 계속 직장생활을 해도 생활환경은 크게 변하지 않았다. 결혼을 하고 아이가 생기면 더 많은 돈이 필요하다. 남편과 맞벌이를 해도 항상 경제적으로 쪼들리는 삶을 산다. 항상 돈을 쓸 때면 주머니 사정을 한 번 더 생각하고 결정한다. 최대한 아껴 쓰기 위해서다. 월급은 한 달 먹고살 정도의 수입밖에 되지 않기 때문에 더 나은 삶을 살 수가 없다.

남편이 직장 동료 중에 한 명이 쉬는 시간에 전화 통화를 하는 것을 우연히 듣게 되었는데 부동산 관련 일을 하는 것 같다고 말했다. 다른 동료들은 회사에 인원 감축이 있다는 이야기가 나오자 근심 가득한 얼굴이었지만 그 동료 직원은 전혀 걱정을 하지 않고 자신이 할 일만 묵묵히 했다고 한다. 남편이 궁금해서 물어보니 부동산 경매 투자를 하고 있다고 했다. 1년 정도만 회사에 다니고 그만둘 생각이라고 말했다.

## 빠른 판단력과 추진력으로 투자를 하라

요즘은 20~30대 젊은 사람들이 부동산 투자에 일찍 눈을 떠서 공부도 하고 현장 경험을 쌓으며 투자를 하고 있다. 의외로 젊은 사람들이 판단력과 추진력이 좋아 부자의 길로 빠르게 나아가고 있다. 나이가 있을수록 두려움이 많아 제대로 시작하지 못하고 망설이며 세월을 보내고 있는 사람들이 많다. 남들이 부자가 되는 것을 지켜보기만 하지 말고 스스로가 행동하고 움직여야 한다. 100세 시대에 경제적 자유를 가지지 못하면 무덤에 들어갈 때까지 노동을 해야 한다. 노인이 되어 파지를 주우면서 남에게 손을 벌리면서 살아가게 될지도 모른다.

부자가 되고 싶지만 방법을 몰라 '어떻게 하면 돈을 많이 벌 수 있을까?' 늘 이런 생각만 하다가 우연한 기회에 부동산이면 경제적인 문제를 해결할 수 있겠다는 확신이 들었다. 월급만으로는 늘 부족한 돈을 다른 방법으로 벌 수 있는 새로운 세계를 만났다. 부동산 투자로 제일 먼저 소형 아파트를 구입했다. 최대한 내 자본금이 들어가지 않게 하기 위해 급매물 위주로 아파트를 소개받았다. 나중에 손해를 보지 않기 위해 아파트는 로열동, 로열층을 선택하고 초·중학교도 근처에 있는 대단지 아파트를 골랐다. 마음에 꼭 드는 아파트를 찾아서 기분 좋게 샀다. 당시 23평 시세가 2억 1천5백만 원 아파트를 급매로 1억 9천만 원에 보일러까지 교체되어 있었다. 투자처로 괜찮다고 판단하고 부동산에 바로 계약을 했다. 보증금 2천만 원에 월세 60만 원으로 세입자까지 금방 구할 수 있었다.

 첫 투자를 잘 해내고 나니 자신감이 붙었다. 소형 아파트는 환금성이 뛰어나 매매를 할 때도 쉽게 잘 팔린다. 공실 걱정을 하지 않아도 되며 초보자가 관리하기 좋아 투자하기에 아주 적합하다. 이런 아파트를 여러 채 갖게 되면 수익이 상승한다. 계약을 하고 2년이 되면 시세에 따라 보증금과 월세를 올려 받을 수 있다. 때에 따라서 전세로 돌려 보증금을 더 올려 받을 수도 있다. 새로운 수익 상승분을 다른 부동산 투자에 사용해서 자산을 늘려가야 한다.

 부동산 투자로 아파트 매매가가 2억에서 2억 2천만 원으로 오르면 10% 수익이 나지만 2억 아파트를 전세가 1억 8천만 원을 끼고 샀다면 똑같이 2천만 원이 올랐지만 내 돈 2천만 원 투자 대비 100% 수익이 난다. 이것이 레버리지 효과다. 부동산을 제대로 안다면 투자를 안 할 수가 없다. 보통 직장인들은 한 달 월급을 쪼개어 1년에 1천만 원 정도 모으기도 힘들다. 가정을 꾸리고 사는 사람들은 빚을 지지 않으면 다행이라고 말한다. 우리가 살아가는 현실은 점점 더 팍팍해지고 있다. 월급으로는 경제적 자유를 꿈도 꾸지 못한다. 하루하루 사는 대로 살아간다고 해도 과언이 아니다.

아파트는 초보자에게 관리하기에도 좋아
투자하기 아주 적합하다.

당신 주위에 월급만으로 부자가 된 사람이 있는지 찾아보라! 눈을 씻고 보아도 없을 것이다. 가끔 시골에 땅이 있어 개발지역에 포함되면서 부자가 되는 사람들 소식은 들었을 것이다. 'ㅇㅇ네 아빠는 이번에 분양권으로 돈을 몇 억 벌었다더라.'는 소식을 접하면 배가 아픈 사람이 많을 것이다. 대부분의 사람들은 얼마를 벌었다는 돈에 대해서만 관심이 있다. 어떤 사람은 "다음에 투자할 때 나한테도 이야기 해줘!"라는 사람도 있다. 이런 사람들은 정말 부자가 되고 싶긴 한지 궁금하다. 돈 버는 일을 대수롭지 않게 여기면서 남들이 돈 벌었다는 이야기가 나오면 당시에는 귀가 솔깃해도 금방 잊어버리고 현실에 안주하며 살아간다.

### 부동산 투자와의 인연을 만들어라

모든 투자에는 위험이 따른다. 만약에 잘못된 선택으로 손해를 보게 되면 자신이 책임을 져야 한다. 하지만 그 어떤 투자보다 안정적인 투자가 부동산이다. 물건을 고르기 위해 발품을 팔며 시간을 투자를 하면 내가 열심히 노력한 만큼 결실이 나타난다.

월급으로 평생 살아온 내가 부동산 투자를 선택한 것은 더 이상 월급만으로는 나의 미래를 맡길 수 없다는 생각과 부자로 살고 싶다는 마음이 간절했기 때문이다. 매달 나오는 월급에 목매어 살면서 '어떻게 하면 알뜰살뜰 아껴서 돈을 모을 수 있을까?'라고 생각하는 것 자체가 나를 비참하고 힘들게 했다. 아무리 열심히 모아도 크게 발전되지 않는 모습에 화가 나고 힘들었다. 그래서 부동산 투자와 인연을 맺게 되었다.

많은 사람들은 경제적 자유를 누리고 싶어 한다. 그것을 가지기 위해 끊임없이 돈을 벌기 위해 노력하고 시간을 투자한다. 그렇지만 결과는 그렇지 못하다. 우리는 돈의 노예가 되어 거꾸로 시간을 갖다 바치는 꼴이 되고 말았다. 경제적 자유를 누리기 위해서는 부자가 되어야 한다. 경제적 자유를 얻게 되면 결국 시간적 자유까지 누리게 된다. 이렇게 행복한 자유를 누릴 수 있게 하는 것은 부동산밖에 없다. 직접 부동산으로 돈이 불어나는 것을 봤기 때문에 다른 곳에 눈을 돌릴 수 없다.

부동산은 절대 당신을 배신하지 않는다. 당신을 당당하게 살게 해주는 고마운 존재다. 자신이 만들어 놓은 틀에서 벗어나 새로운 삶을 살 수 있게 부동산과의 인연을 맺어야 한다. 월급만으로는 평생 경제적 자유를 가지지 못한다. 노동이 아닌 현금 흐름이 확보되는 부동산을 많이 가져야 한다. 제2의 월급으로 즐거운 직장생활을 할 수 있으며 빨리 경제적으로 자립할 수 있게 될 것이다. 남이 대신 돈을 벌어주는 소득구조를 만드는 데 시간을 투자해야 한다. 현실을 빨리 깨닫고 부동산 투자로 경제적 자유를 얻어 가족과 함께 풍요로운 삶을 살아갈 수 있도록 노력해야 한다.

## 기적의 부동산 재테크 노트

**빠른 판단력과 행동이 부자를 만든다**

남을 부러워하는 인생이 아닌 내 인생의 주인공이 되어야 한다. 요즘은 20~30대 젊은 사람들의 컨설팅 문의가 많이 들어온다. 내용은 하나같이 똑같다.

"돈을 벌고 싶은데 어떻게 하면 되나요?"

문자로도 오고 전화도 많이 받는다. 내 대답은 단순하다.

"하고자 하는 의지와 빠른 실행력이 중요합니다."

많은 돈을 가지고 투자를 하면 수익이 크지만 적은 종잣돈으로도 충분히 가능하다. 부동산 투자에 대한 편견과 고정관념을 버리고 빠른 판단력으로 행동하는 게 답이다.

# 03 나는 맞벌이 상대로
# 부동산 투자를 선택했다

악마는 부자의 집도 찾지만, 가난한 자의 집은 두 번 찾는다.
- 스웨덴 속담

## 부동산을 나의 든든한 맞벌이 상대로 만들어라

혼자 벌어 가정을 꾸려나가는 가장들의 어깨가 얼마나 무거운지 잘 안다. 가족들과의 시간을 뒤로한 채 회사 일에 짓눌려 피곤한 몸으로 하루의 시간을 가족들보다 동료의 얼굴을 더 많이 보며 생활한다. 아내들은 남편의 피곤한 회사생활을 알지만 아이들과의 시간을 많이 가지고 함께 즐거운 시간을 보냈으면 한다. 하지만 현실적으로는 맞벌이를 해도 살기가 힘든 세상이다.

2015년 10월에 남편이 대장암 3기말 진단을 받았다. 청천벽력과 같은

의사의 한마디에 앞이 캄캄해지고 하늘이 무너지는 느낌이었다. 나에게
또 한 번의 시련이 찾아온 것이다. 우린 맞벌이로 아이를 키우며 남들처
럼 평범하게 살았다. 지금 그때를 생각하면 '마른 하늘에 날벼락'이라고
밖에 표현이 되지 않는다. 살아오면서 많은 시련과 어려움이 있었다. 그
과정을 다 겪고 이제 제대로 살아보나 싶었는데 이렇게 다시 가시밭길이
펼쳐져 있을 줄 몰랐다. 인생은 한 치 앞을 알 수 없다는 말을 절감하는
순간이었다.

암 투병으로 남편은 더 이상 직장생활을 할 수 없게 되었다. 나는 경제
적인 부분을 혼자서 감당하고 가정을 꾸리고 남편 병간호까지 책임을 져
야 하는 가장이 되었다. 남편을 살릴 수 있다면 얼마든지 감내하면서 헤
쳐나갈 수 있다는 생각으로 나 자신을 더 굳건히 다졌다. 남편은 한동안
절망에 빠졌다.

"암이 얼마나 무서운데! 이러다가 서서히 악화되어서 죽을 거야!"

"왜 그런 말을 해? 치료 잘 받고 식단 조절 잘 하면 다시 건강해질 거
야."

"나는 암이 초기도 아니고 대장암 3기말이라는데……. 수빈이하고 당
신 생각하면 미안해서 마음이 아파!"

"당신 마음 잘 알아, 지금부터 그런 마음은 버리고 긍정적인 생각만 하

고 힘든 시기를 잘 헤쳐나가면 좋은 날이 올 거야."

　남편은 암 진단을 받고 TV에서 방송하는 명의 프로그램을 자주 시청한다. 의사들은 '의료기술이 많이 발전되어 희망을 잃지 말라'며 조언을 하고 이겨낼 수 있다는 메시지를 전한다. 어떤 프로그램에서는 암환자가 생을 마감하는 사연을 다루기도 했다. 그런 방송을 볼 때면 우리가 저렇게 될 수 있다는 생각에 마음이 무너지기도 했다. 그 이후 절대로 부정적인 내용의 프로그램은 보지 않기로 했다.

　부정적인 생각은 자신을 점점 나약하게 만들어 마음을 병들게 하기 때문이다. 자신의 의식을 풍요롭게 만들고 몸속의 세포마다 엔도르핀을 분비하면서 면역력을 높여주는 긍정적인 생각의 역할이 어떠한 약보다도 좋다.

### 부동산은 나에게 유일한 희망이었다

　맞벌이로 살다가 외벌이로 가정을 꾸려나가기가 벅찼다. 한 가정에 기본적으로 매달 들어가는 돈은 만만치 않다. 아이도 키우고 남편도 돌봐야 하고 먹고살아야 하는 문제로 돈은 항상 부족하기 마련이다. 직장에 다니며 생활을 했지만 월급으로는 생활비가 충당되지 않았다. 항상 경제 상태가 마이너스였기 때문에 월급 외에 또 다른 수입이 있어야 했다. 바로 그때 부동산은 나에게 부족한 금전 부분을 채워줬다.

1년 전에 아파트에 월세를 놓았다. 아파트를 사는 것과 동시에 바로 세입자를 구해야 했기에 시간적 여유가 없었다. 세입자에게 보증금을 받아서 매도인에게 잔금을 치르고 등기를 넘겨받아야 해서 매도인이 이사 가는 날 세입자가 이사를 오게 돼 있었다. 그래서 내가 원하는 월세를 받지 못했다. 공실이 생기지 않게 하기 위해 조금 싸게 놓고 1년 후에 시세대로 받기로 했다. 계약서 특약 사항에 계약 기간을 1년으로 명시하고 계약을 했다. 계약 만료일 3개월 전에 세입자의 의사를 물어봤다. 세입자는 흔쾌히 더 살고 싶다고 했다. 그렇게 해서 시세대로 보증금 1천만 원과 월세를 더 올려 받아 부족한 병원비와 생활비를 잘 해결할 수 있었다.

　부동산 투자를 하지 않았으면 돈을 구하기 위해 은행에 가서 이자를 주고 대출을 받아서 해결했을 것이다. 만약에 은행에 갈 사항이 아니라면 사채를 썼을 수도 있다. 주위에 보면 가족 중에 아픈 사람이 있어 생활이 어려워져서 몇 백만 원 안 되는 돈을 빌렸다가 나중에는 엄청나게 불어난 빚을 감당하지 못해 고통을 받는 사람들도 많다. 이런 위험한 상황에서 헤쳐나올 수 있게 만들어 준 것은 부동산이었다. 나는 이자도 없고 위험 부담 없이 필요할 때 경제적인 어려움을 잘 해결했다. 부동산이 든든한 나의 경제적 맞벌이 상대가 된 것이다.

**부동산 투자의 기회는 언제나 존재한다**

이자도 없고 위험 부담 없이 나는 필요할 때
경제적인 어려움을 잘 해결했다.
부동산은 든든한 나의 경제적 맞벌이 상대가 된 것이다.

대구 달서구에서 2년 전에 전세를 끼고 산 아파트의 계약만료 기간이 다가오고 있다. 수요와 학군과 역세권까지 골고루 갖춰져 있어서 공실 위험이 없다. 게다가 수요가 꾸준해서 전세금을 올려 받을 수 있다. 전세가율이 높을수록 레버리지 효과가 크다. 내가 산 아파트는 매매가 대비 전세가율이 90% 이상이다. 이런 곳은 최고의 투자 대상이다.

외국에는 전세 제도가 존재하지 않는다. 유일하게 한국에서만 이루어지고 있는 제도다. 투자금을 최소한으로 이용해 아파트를 구입하면 꾸준한 수익을 얻을 수 있다. 시간이 지남에 따라 높은 전세가는 매매가액을 밀어 올리는 역할을 하면서 시세 차익으로 수익을 가져다준다. 이런 보물에 투자를 해야 한다. 이런 보물을 많이 보유한다면 엄청난 이익을 얻을 수 있다.

공급이 많은 지역이 역전세난으로 힘들어 한다는 언론보도를 보면 모든 지역이 다 힘든 것처럼 보이기도 한다. 공급과 수요가 제대로 이루어지지 않아 일시적으로 힘든 곳이 있고 신도시 같은 경우는 회복까지 몇 년이 걸리기도 한다. 하지만 시간이 지나면 미래의 가치에 따라 정상화된다. 돈의 흐름이 끊기지 않게 하기 위해서는 이런 지역을 피하는 게 좋다. 적은 돈으로 수익을 많이 내는 투자가 나에게는 맞다 생각하고 주로 투자금이 적게 들어가는 곳에 투자를 한다.

## 부동산 투자로 당신도 희망을 꿈꿔라

남들은 배우자와 맞벌이를 하지만 나는 맞벌이 상대로 부동산을 선택했다. 돈을 많이 벌어야 가족들과 행복한 생활을 유지할 수 있다. 남편이 직장을 다닐 수 없기 때문에 외벌이 직장 월급만으로는 감당이 되지 않는다. 이런 안 좋은 조건의 나를 구해준 것은 부동산 투자다. 나의 환경을 모르는 사람들은 안타까워하며 응원의 말을 건네기도 한다. 회사 동료인 지인은 혼자 벌어서 어떻게 생활하는지 물어본다. 가끔 나에게 "정말 대단해. 나라면 잘 해내지 못할 거야!"라고 말하기도 한다.

자본주의 사회에서 돈은 엄청나게 큰 영향력을 발휘한다. 돈이 없으면 이 사회에서 살아갈 수 없다.

아주 어렵고 힘든 시기에 부동산 투자를 하고 있었기에 수월하게 돈의 고통에서 벗어날 수 있었다. 만약 경제적 어려움을 예전과 똑같이 받았더라면 남편 또한 편안하게 치료를 받을 수 없었을 것이다. 늘 우울한 하루를 보내며 더 큰 고통으로 괴로워하고, 희망 없는 세월을 보낼 뻔했다는 생각을 하면 끔찍하다. 부동산은 나에게 희망을 주고 가족들에게도 새 삶을 선물했다.

세상을 살다보면 돈으로 고통받는 일이 참으로 많다. 언제, 어디서, 어떤 위기가 자신에게 닥쳐올지 모른다. 인생에서 건강이 최고지만 만약 가족 중에 누가 아프다면 수입이 끊기게 되고 더 큰 고통을 받게 된다. 이때 꾸준한 수입이 있다면 마음 편안하게 치료를 받을 수 있어 회복이 빨라지는 것은 당연한 이치다. 치료에 집중하게 되고 얼굴 찌푸리는 일이 없게 된다. 부동산은 이 모든 것을 해결해주는 능력이 있다.

나는 힘든 시련을 직접 겪었기 때문에 자신 있게 말할 수 있다. 무조건 부동산 투자를 해야 한다. 현실에 안주하지 말고 항상 대비해야 한다. 이 책을 읽고 있는 독자라면 누구나 부동산에 대한 자신의 생각을 되돌아보는 진지한 계기가 되었으면 한다.

## 기적의 부동산 재테크 노트

**불경기를 위기로 생각하지 말고 기회로 만들어라**

전체 자산 중 부동산이 차지하는 비율은 선진국에 비해 우리나라가 월등히 높다. 우리나라 국민의 부동산 자산 비중은 70% 이상이다. 국토가 좁을 뿐만 아니라 이용 가능한 평지가 적다. 도시용지, 산업용지, 개발용 토지의 수요에 비해 공급이 부족하기 때문에 중장기적으로 부동산이 오를 수밖에 없다.

지금 불경기라 해도 경기가 살아나기 시작하면 부동산이 무섭게 오르기 시작한다. 경기가 좋을 때 부동산 투자를 한다는 생각을 버리고 오히려 위기일 때 매의 눈으로 부동산 투자 물건을 잘 찾아서 투자해야 한다. 알짜 급매물을 잡을 수 있는 좋은 기회다.

# 04 나는 부동산 투자가 제일 쉬웠다

전화를 걸 때든 사업을 시작할 때든 상관없이,
두려워한다면 멀리 나아가지 못한다.
– 스티브 잡스('애플' 창업자)

## 돈 버는 기회를 스스로 찾아라

대부분의 돈 버는 노동 행위는 너무 힘들고 전혀 즐겁지 않다. 이런 힘든 일을 죽을 때까지 평생 해야 한다니 생각만 해도 끔찍하다. 현대는 인간의 수명이 길어져 100세 시대라 한다. 단순하게 수명이 늘어난 것만 보자면 사랑하는 가족들과 오래 함께 할 수 있어 행복하다고 생각할 수 있다. 하지만 우리가 노동으로 벌어먹고 살아야 하는 기간이 더 늘어났다고 보면 된다. 다시 말해 돈이 많아야 가족과 함께 행복하고 풍요로운 노후를 보낼 수 있다는 의미이다.

매일 같이 직장에서 일을 하고 돈을 벌어도 정작 내 손에 들어오는 돈은 몇 푼 되지 않는다. 다람쥐 쳇바퀴 같은 인생을 살고 있는 것이다.

'부자로 살아간다면 세상살이가 더 즐겁지 않을까?'

이렇게 한번 생각해본다. 나는 어릴 때나 어른이 되어서도 마음속에는 돈을 많이 벌고 싶다는 욕망이 끓어오르고 있었다. 돈을 많이 벌고 싶었지만 어떻게 해야 돈을 많이 벌 수 있는지를 몰랐다. '장사를 하면 부자가 될 수 있겠다.' 싶어 주위에 사장님 가게를 기웃거리기도 하고 궁금한 사항을 물어보기도 했다. 돈이 넉넉하지 않은 나는 보증금과 권리금, 인테리어 비용에 투자할 돈이 없었다. 대출을 받아 장사를 해서 돈을 벌 수 있겠다는 결정을 내리긴 힘들다. 원하는 대로 안 되면 빚더미에 오를 수 있을 거라는 두려움도 밀려온다.

장사를 처음 시작하는 모든 사람들의 마음은 같다. 자신이 가게를 운영하면 대박이 날 것 같고 돈을 많이 벌 것이라고 생각한다. 그런 생각으로 가게를 오픈하지만 짧게는 6개월, 길게는 3년 안에 대부분의 가게는 문을 닫는다. 물론 드물게 꾸준히 장사가 잘 되는 곳도 있다.

우리 주변을 보더라도 가게 간판이 자주 바뀐다. 투자금을 다 날리고 아까운 내 돈을 다 잃게 된다는 생각에 장사는 꿈도 꾸지 말아야 겠다는 생각이 든다. 무작정 월급으로 만족하고 살기에는 삶이 너무 힘들다. 돈은 벌어도 늘 부족하고 좀처럼 삶은 나아지지 않는다. 부자로 잘 먹고 잘 사는 사람은 '부모님한테 물려받은 재산이 많았겠지!'라고 애써 자신을 위로하지만 크게 위로가 되지 않는다. 내가 부자가 되지 않으면 앞으로 계속 누군가가 짜놓은 틀에 자신을 맞추어 가난한 인생을 살 수밖에 없다.

남편과 대구 금호강 주변을 산책하다가 구석진 마을까지 들어가게 되었다. 한참을 걷다 보니 마을 정면에 현수막에 토지 보상 문제를 반대하는 내용이 걸려 있었다. 그것을 보는 순간 무엇 때문에 토지 보상이 들어가는지 궁금했다. 마을도 크지 않아서 궁금했다. 정보를 찾기 위해 인터넷을 뒤지기 시작했다. 기사 내용을 꼼꼼히 살펴 보니 몇 년 전부터 개발을 한다는 내용으로 기사가 있었다. 수변공원 조성이 예산 문제로 미루어져 왔다. 하지만 12년 전에 대구연경지구로 택지개발이 예정되었던 곳이 개발에 들어가기 시작했다. 강변이 택지개발지구와 연결이 되어 있다 보니 곧 공원조성도 같은 시기에 이루어질 거라고 판단했다. 우리 집이 강변을 마주하고 있고 경치가 좋아서 공원이 들어서면 집값이 오르겠다는 생각이 들었다.

대구 북구 근처의 부동산을 찾아갔다. 우리 집은 2층이라 고층으로 이

같은 평수 아파트에 이사를 가는 것은 투자 대비 손해다.

사를 가면 전망과 로열층으로 가치가 더 올라갈 거라는 생각에 부동산 소장을 만나서 상담을 했다. 10층 이상으로 집을 알아보는데 중개소장이 앞동에 30평대 1층 아파트가 시세보다 많이 싸게 나왔으니 갈아타라고 했다. 별로 내키지 않아서 소형 아파트로 13층 강변이 보이는 아파트로 골랐다. 집은 마음에 들었는데 가격이 비쌌다.

같은 평수 아파트로 이사 가는 것은 투자 대비 손해다. 이사비용, 취·등록세, 수리비, 게다가 로열층이라 내 돈이 더 들어갈 수 있다. 같은 평수에 전망이 좋고 나중에 집값이 오를 거라는 이유만으로 이사를 하기는 너무 무모하다. 손해 보는 투자다. 서울 한강변에 위치한 아파트가 아닌 이상 저층과 고층의 가격 차이가 크지 않다. 살고 있는 아파트를 팔고 그 집으로 들어간다는 것은 어리석은 짓이다.

차라리 그 집을 갖고 싶다면 그 아파트를 한 채 사는 게 낫다는 생각이 들었다. 이사를 가게 될 경우 1천만 원에서 2천만 원이 든다면 그 돈으로 아파트를 사는 게 좋을 듯 했다. 여러 부동산을 돌아보며 가격을 비교했다. 때마침 부동산 소장님이 내가 원하는 아파트 매물을 소개해줬다.

"13층 매물인데 괜찮아요. 투자로 하나 잡아놓으셔도 좋아요."
"가격만 맞으면 사고 싶은데, 전세금과 매매가 차이가 얼마 안 났으면 좋겠어요. 소장님께서 잘 맞춰주세요."

"이쪽 아파트는 공원 개발한다고 해서 크게 한 번 오르고는 다른 아파트에 비해 가격이 잘 안 떨어져요."

아쉬움을 뒤로한 채 소장님이 권하는 다른 소형 아파트를 둘러보았다. 마음에 드는 아파트가 없었다. 여러 구조의 아파트 구경을 실컷 하고 집에 도착해서 저녁 식사를 준비하는데 부동산 소장님이 전화를 했다.

"여보세요?"

"사모님, 아까 마음에 들었던 아파트 1억 9천만 원에 해주면 사실래요?"

나는 너무 뜻밖이라 흔쾌히 산다고 말했다. 그러자 소장님이 말했다.

"그럼 바로 계약금을 부치세요."

기회를 놓치기 싫어 얼른 계약금 100만 원을 입금했다. 무려 3천만 원이나 싸게 아파트를 샀다. 집주인은 60대 부부로 신규 아파트 분양을 받았는데 입주 날짜는 다가오고 분양 받은 아파트를 팔려고 해도 팔리지 않아서 어쩔 수 없이 기존에 사는 아파트를 팔고 이사를 가야 한다고 말했다. 할머니는 "우리 집은 전망도 끝내주고 동네도 조용하고 살기가 편해."라고 속상해했다. 다시 여기로 이사 올 거라고 했다. 가기 싫은 이사를 하면서 급매로 금전적인 손해까지 보니 할머니 눈에서 눈물이 맺혔다. 그 모습을 보는 순간 마음이 짠했다.

## 한순간에 사라지는 주식보다 부동산 투자가 좋다

여동생에게 싸게 나온 급매물이 있는데 살 생각이 있으면 임대로 놓으면 좋겠다고 말했다. 동생은 처음에는 솔깃하면서 알아봐달라고 했다. 나는 확인을 하기 위해 동생에게 전화를 걸었다. 동생은 제부와 이야기를 해봤는데 제부가 싫다고 말했다고 했다. 그래서 없던 일로 했다. 아파트 내부가 깨끗하고 싱크대도 교체되어 있었고 수리할 필요가 없어 바로 임대를 놓으면 되는 물건이었다. 남주기가 너무 아까워 실투자금 2천만 원으로 내가 샀다. 임대는 바로 나갔다. 시세 대비 2천5백만 원을 싸게 주고 샀기 때문에 돈 버는 투자였다.

여동생은 용돈 버는 수준으로 주식을 하고 있었다. 처음 투자로 500만 원의 수익을 올리면서 주식에 재미가 붙었다. 소액으로 시작해 돈이 점점 커지게 된다. 주가의 등락에 따라 신경이 예민해지게 되었다. 원하는 가격대에 팔리면 수시로 주가를 확인해야 한다. 하루에도 수없이 변동이 많다. 동생은 주가가 떨어지기 시작하면 마음이 요동치는 듯했다.

'이걸 팔아야 하나, 말아야 하나? 아냐, 곧 회복되겠지!'

이렇게 되면 심리적으로 불안해지기 시작한다. 어느 날 동생이 말했다.

"언니, 주식을 정리하고 부동산 투자를 하는 게 괜찮을 것 같아."
"저번에 하라고 할 때는 별로라 하더니 어쩐 일이니?"
"마음만 불안하고 생각만큼 돈 벌지도 못해! 신경 덜 쓰고 수익 나는 게 좋을 것 같아서."

나는 장사나 주식은 위험하다고 생각한다. 피 같은 돈을 들여 빚을 지는 경우가 많다. 물론 주식으로 돈을 많이 벌 수도 있지만 순식간에 돈이 휴지 조각이 되기도 한다. 나에게는 너무 어렵고 무서운 투자다. 수시로 변하는 주가를 보면서 피를 말리고 싶지는 않다. 신경이 예민해지면 가족들에게도 영향을 미치게 된다. 주위에 주식으로 돈을 벌었다는 이야기는 거의 들어본 적이 없다.

반면에 부동산 투자로 집도 사고 건물도 샀다는 이야기는 많이 듣는다. 모든 투자가 그렇듯이 100% 완벽한 투자는 없다. 부동산 투자로 손해를 볼 수도 있지만 어느 정도 예상이 가능하고 손해의 정도가 크지 않다. 눈에 보이는 실체가 있기 때문에 걱정하지 않는다. 부동산은 급격하게 하락하지 않으며 반토막 나는 일도 없다. 누구나 필요하고 한순간에 뚝딱 만들 수 있는 소비재가 아니다.

이때까지 살아오면서 부동산 투자가 제일 쉬웠다고 말하고 싶다. 부동산은 눈으로 확인이 가능하다. 내가 살고 싶은 아파트는 많은 사람들도 선호하는 집이다. 스스로 판단하고 원하는 가격대로 찾아서 투자를 하기 때문에 두려워하고 겁낼 필요가 없다.

제대로 된 시세 조사와 함께 확실하게 현장을 파악한다면 실패 없이 잘 할 수 있다. 부동산 투자가 제일 쉬운 투자라는 것을 여러분도 알게 될 것이다.

## 불황일수록 안전한 부동산

경기불황으로 가게 운영이 어려워 폐업을 하는 가게가 많다. 인건비, 물가상승, 임대료 인상 등 자영업자들이 살기가 더 팍팍해지고 있다. 조그마한 가게를 오픈하는데도 돈이 많이 들어간다.

나는 폐업이 속출하는 불경기에 피 같은 돈을 들여 가게를 차리지 말고 부동산 투자를 하는 게 낫다고 생각한다. 하지만 사람들은 부동산 투자를 하면 돈을 잃을까봐 두려워한다. 이해할 수가 없다. 큰 돈을 들여 창업을 해서 망하면 빚더미에 앉거나 투자한 돈을 거의 건지지도 못하는 경우가 많다.

하지만 부동산 투자는 하루 종일 매달릴 필요가 없으며 집값 폭락으로 갑자기 50% 반값이 된다든지 하는 일도 없다. 실물자산인 부동산 투자를 하면 쓸데없는 걱정을 하지 않아도 된다.

# 05 안정적일 때 부동산에 투자하라

월급의 남은 금액을 저축하고자 하면,
부자가 되는 날은 절대 오지 않는다. 자신을 위해 먼저 투자하라.
자신을 위한 합리적 지출은 소비가 아닌 투자다.
– 닐 멕카시

**기회를 놓치지 않는 안목을 길러라**

원하는 일을 돈 때문에 한 번 미루면 영원히 못하게 된다. 그것만큼 속
상한 일이 없을 것이다. 이놈의 돈이란 당신의 삶에서 떼려야 뗄 수 없는
껍딱지 같은 존재다. 자본주의 사회에서는 돈이 우리 생활영역의 대부분
을 차지한다고 해도 과언이 아니다. 지금 당장 친구를 만나러 가기 위해
서는 교통수단을 이용해야 하고, 밥을 먹거나 물 한 잔을 마시려고 해도
다 돈이 필요하다. 우리는 이런 돈이 필요하고 많이 갖고 싶어 열심히 일
을 해 돈을 번다.

가족의 생계를 책임지기 위해 원하지 않는 일을 하면서 하루하루 주어진 현실을 살아간다. 우리 사회에서 하고 싶은 일을 하면서 사는 사람이 얼마나 될까? 대부분 이런 삶을 살 것이다. 나도 부동산 투자를 하기 전에는 하고 싶지 않은 일을 억지로 하면서 직장생활을 했다. 그런 생활이 얼마나 고통스러운지 잘 알고 있다. 결혼을 하고 아이가 생기면 이직을 하기도 쉽지 않다. 얼마간의 공백이 생기면 생활에 타격이 오기 때문이다.

부득이하게 직장을 옮기게 되면 먼저 갈 곳을 마련해야 한다. 나 역시 이런 삶을 살았다. 그래도 지금이 가장 안정적이라고 생각한다. 하루하루 세월을 보내다 보면 아이가 커갈수록 돈 들어가는 액수가 어마어마하다. 그런 시기가 오면 가장의 어깨는 더 무겁게 내려앉는다.

나는 파산하고 수중에 단돈 200만 원을 가지고 다시 일어서야 했다. 이런 과정을 겪었더니 길거리에 다니는 사람들을 보면 모두가 나보다 행복해 보였다. 내가 가장 불행한 사람이라고 생각했다. 1년 동안 우울증 증세를 겪어야만 했다. 그때는 감정기복이 심할 수밖에 없었다. 그런 환경에 있으면서도 그게 우울증인지 몰랐고 병원에 가서 치료를 받아야 하는지도 몰랐다. 돈이 너무 없다보니 돈 들어가는 일은 아예 생각하지도 못했다. 지금 생각해보면 당시에 병원에 가서 진료를 받고 약을 먹었으면 정신적으로 많은 도움이 되지 않았을까 생각된다.

그래서 지금 나는 절실하게 느낀다. 당시 나 정도의 여건이 아니라면 누구든지 부동산 투자를 할 수 있다고 생각한다. 투자를 할 수 없는 게 아니라 어떻게 투자를 할 줄 몰라서 망설이는 사람이 많다고 생각된다. '돈이 많이 들어가지 않을까? 잘못 되지는 않을까?' 이런 생각으로 계속 살아봤자 달라지는 것은 아무것도 없다. 열심히 모은 돈을 엉뚱하게 보이스피싱 사기를 당해서 잃어버리는 사람들도 간혹 주위에 있다. 똑똑한 지식인들도 사기에 속아서 피해를 보는 사례들이 언론에 보도되기도 한다. 엉뚱한 곳에 돈을 잃어버리지 않도록 해야 한다. 눈앞에 보이는 부동산 투자를 꺼려하는 것은 이해가 가지 않는다.

부동산은 현장에 가서 물건을 볼 수 있고 원하는 가격에 살 수도 있다. 법으로 소유권 이전까지 완벽하게 이루어지는데, 좋은 물건이라면 투자를 하는 게 맞지 않을까?
지인 중의 한 명에게 말했다.

"좋은 정보가 있는데 해보지 않겠어?"
"뭔데? 이야기 해줘!"
"1천만 원 정도 투자로 수익을 낼 수 있는 게 있는데 투자 한번 해봐."

내가 한참을 이런 저런 설명을 해줬지만 결국 지인은 돈을 잃을까봐 의심이 된다는 눈치다. 나는 그 일이 있고는 다시는 정보를 주지 않는다. 부동산에 대해 잘 모르면 그럴 수 있다고 이해는 한다. 하지만 좋은 정보가 자기 가까이에 오는 것을 받아들이지 못하는 현실은 참을 수가 없다. 우리나라는 인터넷이 세계 최상위권으로 발달한 나라다. 모든 정보를 찾아볼 수 있다. 한번쯤 확인을 하면 좋은 기회를 놓치지 않을 것이다.

하루하루 일상적인 생활을 하는 지금이 투자하기 가장 좋다. 갑자기 어려움이 닥쳐 당장 먹고사는 데 바빠 다른 곳에 눈길조차 줄 여유가 없을 때보다 지금 바로 부동산 투자를 해야 한다. 부동산 투자는 마음이 안정적이어야 올바른 판단을 할 수 있다. 부동산 투자는 시간을 갖고 투자를 해야 한다. 그런데 마음이 조급하면 더 기다려야 하는 물건인데도 불구하고 수익을 내지 못하고 급하게 팔아야 한다. 그렇게 되면 투자의 목적이 사라지게 된다.

부동산 투자를 하고 싶어도 종잣돈이 없어서 애를 태우는 사람들과 종잣돈을 모으기 위해 허리띠를 졸라매는 초보 투자자도 많다. 하지만 충분히 투자를 할 수 있는 데도 불구하고 당장 급하지 않아서 그럭저럭 먹고살 만하니깐 현실에 안주하며 살아간다. 지금 당장 어려움 없이 산다고 해서 계속 같은 생활이 유지되지는 않을 수 있다. 우리의 미래는 어느

부동산 투자는 마음이 안정적이 되어야 올바른 판단을 할 수 있다.
부동산 투자는 시간을 갖고 투자를 해야 한다.

누구도 알 수 없다.

인생이란 언제 어디서 어떤 일이 일어날지 모른다. 돈은 많이 벌어놓아도 아무 문제가 되지 않는다. 우리는 죽을 때까지 돈이 필요하기 때문이다.

**미래를 위해 목표를 세우고 대비해야 한다**

자녀가 어릴 때일수록 부동산 투자를 해야 한다. 아이가 어려서 손이 많이 가지만 금전적으로는 그나마 안정적이다. 아이가 고학년으로 갈수록 교육비가 많이 들어간다. 부모의 욕심으로 양질의 교육을 시키고 싶은 마음은 다 똑같다. 이때가 돈을 모을 수 있는 최적기이다. 이 시기를 놓치면 맞벌이를 해도 항상 적자에서 헤어나오기 힘들다. 주위 사람들 이야기를 들어보면 하나같이 하는 말은 똑같다.

"둘이 벌어도 한 달 생활비가 빠듯해!"
"나는 마이너스 통장 만들었어. 매달 적자야!"

이런 대화는 주위에서 흔히 듣는 이야기다. 대부분 사람들이 현실에서 겪는 생활이다. 나중에 돈이 부족해 마이너스 통장을 만들고 대출을 받을 생각하지 말고, 지금 당장 부동산 투자를 해서 부자로 살아야 한다.

돈이 부족하면 차라리 지금 마이너스 통장을 만들어 부동산에 투자를 하라! 그게 더 현명하다고 생각한다. 어차피 돈이 부족해 대출을 받아 생활비를 충당할 거라면 그 돈으로 부동산에 투자를 하는 게 맞다 생각한다.

평범한 사람들은 부동산 투자를 하면 큰일날 거라고 착각을 한다. 부동산 투자 때문에 돈을 빌리면 큰 위험에 빠지는 것처럼 여기고 생활비나 아이의 교육비를 위해서 대출을 받으면 별 걱정을 안 한다. 똑같이 은행에서 빌린 돈인데 말이다. 가난한 사람들의 전형적인 사고다. 부자들의 사고를 가져야 부자가 된다. 부자들은 남의 돈으로 돈을 번다. 항상 도전하고 행동한다. 하지만 평범한 사람들은 돈을 벌려면 돈이 있어야 한다고 생각한다.

이제는 가난한 사고방식을 버리고 돈을 벌며 마음의 평화를 얻는 부자가 되어야 한다.

평범한 사람들에게 말하고 싶다. 더 이상 돈 때문에 하고 싶은 일을 미루며 살지 않기를 바란다. 돈을 벌고 싶다는 생각이 들면 망설이지 말고 부동산 투자를 해야 한다. 돈을 벌기 위해 열심히 일하는 것이 아니라 돈이 자신을 위해 일하게 만들어야 한다. 현실의 안락함에 젖어 있을 때가 아니다. 현실의 안락함보다 미래를 위해 목표를 세우고 대비를 해야 한다. 부동산 투자를 한 당신의 5년 후 미래에는 누구보다 빛나고 행복한 인생이 펼쳐질 것이다.

## 기적의 부동산 재테크 노트

**자신의 인생을 바꿀 수 있는 건 오직 자신이다**


30대 직장인 A씨가 소액으로 부동산 투자를 하고 싶다고 했다. 현재의 삶에 만족하지 못하고 있다. 얼마 전 직장에서 퇴직을 하고 퇴직금을 "은행에 묶어놓을까, 부동산 투자를 할까?"라고 생각하다가 소액이지만 부동산 투자를 해서 돈을 불리고 싶다고 하면서 찾아왔다.

나는 예전의 나의 모습을 보는 것 같아 도와주고 싶었다. 이 경우 A씨는 자신이 어떻게 해서든지 발전적인 삶으로 바꾸어 보려고 노력을 하고 있다. 생각만 명확하고 바로 행동으로 옮기면 얼마든지 자신의 인생에 밝은 햇살이 들게 할 수 있다.

# 06 행복한 부자 아빠 부자 엄마가 되라

버는 것은 바늘 하나로 일하는 것처럼 느리다.
그러나 지출은 모래가 빠져나가는 것처럼 빠르다.
– 중국 속담

**부동산 투자로 아이의 미래를 함께 고민하는 엄마가 되었다**

이 세상에 태어나서 가난하게 살고 싶은 사람은 아무도 없을 것이다.
풍요로운 인생을 살고 싶은 마음은 다 똑같다. 가난이란 삶 자체가 불편
하고 힘들다. 이왕이면 부자로 살고 싶고 부자 부모에게 태어나고 싶을
것이다. 많은 것을 누리고 사는 자녀들은 가난의 고통을 잘 모른다. 자신
은 모든 것을 누리고 살았기 때문에 가난한 삶에 대해 굳이 알 필요도 없
다. 자신에게 주어진 환경을 그저 누리고 살 뿐이다.

나는 가난한 부모 밑에서 자라서 가난이 더 익숙하다. 늘 부족하고 채워야 하는 삶이 항상 일상이 되어 나를 가두어버렸다. 나이를 먹고 어른이 되어 자식이 생기자 가난한 삶은 죄악이라고 생각될 정도로 나를 비참하게 만들었다. 그제야 부모님 마음을 더 깊게 이해하게 되었다. 더 좋은 것을 입히고 먹이며 좋은 환경에서 교육을 시키고 싶었을 부모님 생각에 가슴이 미어져온다. 나 또한 물려받은 재산이 없고 학벌도 시원찮아 평범한 삶을 살아가는 엄마다. 딸아이가 풍족하게 즐기면서 세상을 살아가게 해주지 못하고 할 수 있는 것보다 할 수 없는 것이 더 많은 인생을 살게 해주는 부모가 되었다.

나는 가난의 고리를 끊고 싶었다. 딸아이에게는 힘들고 고통스러운 가난을 물려주고 싶지 않다. 어린 시절부터 온몸으로 부딪히고 느끼면서 살아온 세월이 있기에 누구보다 더 잘 안다. 내가 자라던 시절과 달리 요즘 세상은 돈만 있으면 무엇이든지 가능하다. 하고 싶고 이루고 싶은 일들이 넘쳐난다.

"엄마, 나 외국에 나가고 싶어! 워킹홀리데이로 가도 괜찮을 것 같아."
"왜? 대학교는 어떻게 할 거야? 이유가 뭐니?"
"지금 딱히 전공을 정하지 못했고, 내가 뭘 원하는지 명확하지 않아. 넓은 세상을 경험하고나서 대학교에 가고 싶어."

"그래, 좀 더 생각해보고 아빠하고 상의해서 좋은 방향으로 정하자."

딸아이는 하고 싶은 것도 많고 도전적인 면이 있어 초등학교 6학년 때부터 유학을 가고 싶다고 할 정도였다. 당시에는 형편이 너무 어려워 아이의 말을 무시해버렸다. 사실 너무 어리기도 했지만 아이의 생각을 들어보지도 않고 아예 돈 들어가는 이야기는 차단했다. 유학을 보낼 수 있는데 안 보내거나 돈이 없어 아이의 생각 자체를 들어보지 않는 부모가 되지는 말아야 한다고 생각한다.

남편과 나는 한 유학원을 찾아갔다. 30대 초반쯤 되는 실장님과 상담을 했다. 아이의 근황을 이야기하면서 외국생활과 치안 문제 등 궁금한 사항을 물어봤다. 실장은 아이가 아직 어리기 때문에 워킹홀리데이보다 밴쿠버에 어학연수를 보내는 것이 좋다고 말했다. 우선 필리핀에서 3개월 동안 수업을 듣고 밴쿠버에서 1년 정도 어학연수를 하면 다양한 외국 친구도 사귀고 문화를 체험하기도 좋다고 추천을 해주었다. 그렇게 상담을 받으니 워킹홀리데이보다 괜찮겠다는 생각이 들었다. 워킹홀리데이는 힘들게 일하면서 영어가 되지 않아 사기를 당하는 일도 빈번하게 일어난다고 했다. 어학연수는 안전하게 문화를 체험하는 동시에 공부하면서 자연스러운 대인관계로 영어를 흡수할 수 있겠다는 생각이 들었다.

몇 년 전만 해도 내가 유학원에 들러서 딸아이 유학 문제로 상담을 받을 거라고는 상상도 못했다. 어떤 사람들은 "뭐 그 정도 갖고 그래?"라고 말하는 사람들도 분명 있을 것이다. 하지만 나는 이렇게 살게 되기까지 많은 세월이 걸렸다. 많은 시련과 아픔이 있었기 때문에 나 자신이 대견스럽고 장하다. 이런 삶을 살 수 있게 된 것은 부동산 투자를 했기 때문이다. 돈 한 푼이 아쉬워 벌벌 떨던 내가 이젠 딸아이의 미래를 위해 함께 대화하고 발전적인 모습으로 살아갈 수 있게 되어 행복하다.

### 돈 걱정보다 아이의 행복을 생각하는 아빠 엄마가 되라

남편과 함께 세를 놓은 지역의 부동산을 한 번씩 순회를 한다. 지역의 분위기를 살펴보고 좋은 매물이 있는지, 거래가 활발히 잘 이루어지는지, 투자자들이 어떻게 움직이는지 등 부동산에 가면 갖가지 정보를 얻을 수 있다. 음료수를 사들고 방문하면 부동산 소장님이 더 살갑게 이야기를 쏟아낸다. 전화만 하지 말고 직접 부동산을 찾아가 서로 눈빛을 보며 말하다보면 생각지도 못한 정보를 입수하기도 한다.

남편이 투병 중에 혼자 집에 있으면 삶의 의욕이 떨어질 수가 있기 때문에 나는 움직일 때마다 운전을 해달라고 한다. 현장을 다니면서 이런저런 이야기를 하다보면 더 즐겁고 행복하다. 항상 부동산에 방문할 때에는 남편은 동네 주변을 돌며 산책을 하고 나는 혼자 들어가 이야기를 하고 나온다. 이젠 이런 일이 익숙하다. 요즘은 남편도 부동산에 대해 관심이 뜨겁다. 그래서 부동산 이야기를 주로 나누게 된다. 같은 관심사가 생겨 이야깃거리도 더 다양하고 분위기가 좋다.

"수빈아빠, 성서 아파트는 매물도 별로 없고 전세는 아예 없대."

"그럼 가격이 올라가겠네, 잘 됐네."

"요즘 투자자들도 가격이 오를 것을 예감하고 물건을 거둬들이고 내놓지 않는다고 하네."

소장님과 나눈 이야기를 들려주면 재미있게 듣는다. 세를 준 아파트가 전세가와 매매가가 오르고 있다니 당연히 기분이 좋을 수밖에 없다. 돈을 벌자고 하는 일이기 때문에 투자자에게는 행복한 소식이다. 예전에는 늘 돈 이야기가 나오면 인상을 찌푸리고 대화를 해도 신경질적으로 했다면 부동산 투자를 하고나서는 생각 자체가 바뀌었다. 남편도 더 이상 암울한 생각을 하지 않고 항상 긍정적인 생각으로 밝다. 그래서인지 건강회복도 빠르고 즐겁게 생활한다. 이젠 행복한 부자 아빠가 되었다.

같은 주제를 가지고 대화를 할 수 있다는 것이 얼마나 행복한 일인지 모른다. 그걸로 돈까지 버는 일이라면 금상첨화다. 우리 부부가 부동산 투자로 실천하고 있으면 앞으로 더 큰 부자가 될 것이다. 부동산 투자로 부부의 행복한 모습을 보여주는 엄마 아빠가 되어야 한다. 아이들은 부모의 사랑과 관심을 먹고 자란다. 이런 관심과 사랑도 가정이 어렵고 힘들다면 아이들 마음을 편하게 받아들이고 포용할 수 없다고 생각한다. 서로 상처주는 말로 불행한 가정이 된다.

부모로서 아이가 원하는 것이 있다면 돈 걱정 대신 먼저 아이가 뭘 원하는가에 초점을 맞추는 아빠, 엄마가 되어야 한다. 돈에 맞춰 선택을 하는 것이 아니라 내가 원하는 것을 선택한 후에 돈을 지불하는 진정한 행복한 부자 아빠, 부자 엄마가 되어야 한다. 그리고 당신에게 주어진 모든 자유를 누려야 하고, 부모로서 역할을 제대로 해낼 수 있는 능력을 갖춘 부자가 되어야 한다. 돈의 여유로움이 가정을 더 풍요롭게 만들어 갈 것이다.

**발전적인 생각으로 미래를 준비해야 한다**

부자는 아니어도 먹고살 정도만 되면 괜찮다고 생각을 하고 살았다. 그건 나만의 착각이었다. 현재의 삶이 계속 평화롭게 이어지지 않는다는 것을 깨닫지 못하고 시련이 닥치고 나서 수습을 하려니 사는 게 너무 힘들었다.

그래서 이 책을 읽은 사람들은 지금 현실에 만족하지 말고 더 나은 삶을 그려봤으면 좋겠다. 언제까지 자신이 그 자리에 있을 거라는 생각을 버리고 미래를 생각하길 바란다.

**2장**

# 인생을 바꾸는 기회
# 부동산 하나면 충분하다

# Miracle Investment

# 01 인생을 바꾸는 기회
# 부동산에서 답을 찾아라

돈으로 행복을 살 수는 없지만 곤란한 상황에서
당신을 구해줄 수는 있다.
– 클래어 부스 루스(미국의 외교관, 여성 작가)

**부동산 투자는 나에게 신세계였다**

40대가 되도록 인생의 변화가 없다면 자신을 되돌아보아야 한다. 40대는 우리의 인생에서 가장 중요한 시기라고 생각한다. 이때를 놓쳐버리면 앞으로의 삶이 더 힘들고 고통스럽게 다가올 수 있다. 더 이상 현실에 안주하며 도전과 담을 쌓고 지내지 말고 지금의 변화 없는 삶에서 앞으로 다가올 미래를 웃으며 맞이할 수 있는 사람이 되어야 한다.

나이가 들수록 우울하고 미래가 보이지 않으며 삶의 의욕이 자꾸 떨어지는 건 당연한 현상이다. 많은 사람들이 공감하는 부분이라고 생각한다. 나는 오랜 세월을 이런 감정을 느끼며 '나는 불행하다!'라는 생각과 함께 하루하루를 보내면서 살아왔다. 마치 이 세상에서 내가 제일 힘든 것처럼 항상 세상을 원망하고 자신을 돌보지 않고 살았다.

이렇게 살게 된 원인은 돈 때문이다. 다시 말해 돈으로 삶의 제약을 받다보니 자신이 자꾸 작아지게 되며 자신감이 떨어진다. 자본주의 사회에서는 돈을 많이 가진 자가 누릴 수 있는 혜택이 많다. 가난한 자는 원하는 것을 누리지 못하고 제한적인 삶을 살게 된다. 상대적으로 박탈감이 더 커지게 된다.

이렇게 박탈감이 커지면 무기력증으로 모든 것이 싫어지고 좌절감에 빠지게 된다. 돈은 우리에게 있어서 많은 부분을 차지한다. 돈은 행복을 더 크게 느끼도록 해주고 고통은 더 작게 느끼도록 해준다. 어느 조사 결과에 의하면 연령이 낮을수록, 소득이 높을수록 행복지수가 높았다고 한다. 그만큼 인생에 있어서 많은 부분을 차지하는 게 돈이다. 지금도 우리는 돈을 벌기 위해 가족들과의 시간을 담보로 열심히 일을 한다. 이제는 이런 환경에서 벗어나야 한다. 돈만 있으면 살기 좋은 세상에 우리는 살고 있다. 누리면서 살 수 있도록 삶의 방향을 바꾸어야 할 때다.

나는 빚더미에 올라 파산했다. 기초생활수급자로 늘 돈에 쫓기며 살았다. 그리고 남편의 암투병까지. 바람 잘 날 없는 삶이었다. 공장에서 일을 하며 희망 없는 하루하루를 보냈다. 이런 삶 속에서 나를 건진 것이 바로 부동산 투자다. 부동산을 만나고 새로운 인생을 맞이하게 되었다. 그 어떤 누가 비참한 생활에서 구출해줄 수 있을 것인가? 나는 이제 자신 있게 말한다.

"인생을 바꾸는 기회는 부동산 투자 하나면 충분하다!"

부동산 투자는 나에게 신세계였다. 매일 노동을 해서 월급으로 살던 나에게 신선한 충격이었다. 몇 푼에 벌벌 떨면서 아끼고 살던 나는 부동산 투자로 한순간에 별 노동의 대가 없이 많은 수익이 창출되는 것을 보니 흥분이 되었다. 부동산으로 돈을 벌어야겠다는 절실함과 절박함이 새로운 도전을 하게 만들었다. 이때까지 긴 세월을 한결같이 한 푼 두 푼 모으면서 아등바등 살아왔지만 달라지는 것은 아무것도 없었다. 더 이상 똑같이 살면 안 되겠다는 생각이 머리를 스치고 지나갔다. 당장 부동산 투자를 알기 위해 서점에 달려가서 여러 권의 부동산 책을 구입해서 순식간에 다 읽었다. 나는 책을 그렇게 재미있게 읽은 적이 없었다. 돈에 관한 이야기라서 그런지 다른 책보다 집중도가 높았다.

도전에 두려움이 많은 나는 이번에는 달랐다. 나의 달라지지 않는 삶을 변화시키고 싶었다. 부동산이라면 부자로 살 수 있겠다는 확신이 들었다. 이 계기로 나는 본격적인 투자를 하기 시작했다. 처음에는 지역에서 소액으로 시작했지만 부동산을 보는 안목이 커지면서 여러 부동산에 투자를 하게 되었다. 주로 아파트에만 투자를 해왔지만 부동산에 대해 알아갈수록 투자할 수 있는 종목과 돈 벌 기회가 더 많다는 것을 알게 되었다. 부동산 투자는 발 빠른 정보와 발품이 필요하다. 이제는 경험이 쌓여 돈이 되는 물건에 골고루 투자를 한다.

## 미래 가치가 있는 확실한 투자처에 적극적인 투자를 하라

적은 돈을 들여 투자를 하고 수익을 낼 수 있는 기회를 잡아야 한다. 요즘은 4차 산업혁명 시대로 지식산업센터가 앞으로 대세다. 나는 정부에서 각종 지원을 해주는 지식산업센터 오피스를 계약했다. 계약금 10%를 내고 중도금 무이자, 부가세 환급, 임차 보증금 회수, 저금리 80% 잔금 대출까지 받고 입주 시에는 나머지 10%는 보증금으로 해결하면 된다. 기업을 상대로 하기 때문에 안정적이고 수익성 보장이 확실했다.

투자자에게는 실투자금이 적게 들어가고 안정적인 수익이 발생하는 것이 중요하다. 1천만 원 투자로 이자를 내고도 30만 원의 임대료 수익을 낼 수 있다면 당장 해야 한다. 1억 정도 투자를 하게 되면 월 300만 원의

투자자에게는 실투자금이 적게 들어가고 안정적인 수익이
발생하는 것이 중요하다.

임대료 수익을 만들 수 있다. 이런 정보를 모르는 사람들은 투자처를 찾지 못해 1천만 원을 은행에 묶어두고 손해를 보고 있다.

　요즘은 대출규제로 실투자금이 좀 더 많이 들어간다. 이럴 때는 급매물을 잡든지 아니면 중도금 대출이 자유로운 곳에 투자를 할 수 있어야 한다. 80%까지 중도금 대출이 되는 곳을 찾기 힘들기 때문에 이런 부동산에 투자 수익률이 확실하다면 바로 잡아야 한다. 이런 물건은 바로 빠지고 투자를 계속 할 수 있는 부동산이 아니다. 정부에서 장려하는 사업이기 때문에 투자가치가 높은 오피스를 골라 투자를 하면 소액으로도 많은 수익을 가질 수 있다. 나는 발 빠르게 잘 잡은 오피스 덕분에 가만히 앉아서 100만 원 정도의 월세 수익률을 얻고 있다.

　공장에서 힘들게 8시간씩 노동을 할 때는 한 달에 고작 130~150만 원 정도의 월급을 받았다. 그것도 격주로 토요일에 일을 해야 150만 원이 될까말까 했다. 하지만 부동산에 3천만 원 정도 투자를 해서 나에게 한 달에 100만 원이 나에게 돌아오는 구조다. 많은 사람들이 부동산을 모르면 3천만 원을 은행에 넣어두거나 전세자금을 올려주며 살겠지만 부동산에 대해 제대로 알면 절대 이런 행동을 하지 않을 것이다. 부동산 투자를 하면서 생산적이고 발전적으로 살아갈 수 있다는 것은 큰 축복이라 생각한다.

부동산 투자를 하지 않았더라면 나만의 틀에서 벗어나지 못하고 신세 한탄만 하고 아까운 세월을 보내고 있었을 것이다. 공장에서 일을 하고 밤마다 다리와 어깨가 아프다며 파스를 바르고 붙이면서 힘들게 하루하루를 고통스럽게 보냈던 날을 생각하면 아찔하다. 다시는 돌아가고 싶지 않은 과거다. 부동산으로 얼마든지 인생을 바꿀 수 있다.

학력도, 스펙도 없는 인생을 변화시켜줄 수 있는 것은 부동산 밖에 없다. 부자로 살고 싶고 인생을 바꾸고 싶다면 반드시 부동산 투자를 해야 한다. 당신에게 단기간에 많은 변화를 선물할 것이다.

나는 힘든 시련과 어려운 환경에서 부동산 투자로 일어섰기 때문에 어렵고 힘든 사람들을 보면 돕고 싶다. 나처럼 시행착오를 겪지 않고 부동산으로 추월차선을 타길 바란다. 나는 부동산으로 인생을 바꾸었다. 이런 기회를 잡을 수 있게 도와주신 하나님께 감사드린다. 인생의 최고의 선물이다.

우리에게 기회는 거창하게 다가오지 않는다. 소리 소문 없이 조용히 다가온다. 이런 기회를 잡지 못하고 놓쳐버리는 사람이 되지 말아야 한다. 기회를 잡았으면 노력을 해야 한다. 씨앗을 뿌리고 물을 주고 기다려야 싹이 나듯이 부동산도 마찬가지이다. 부동산에 투자를 하고 시간이라는 물을 부어야 우리에게 싹을 틔어줄 것이다. 열심히 좋은 씨앗을 심고 시간이라는 물을 주고 노력으로 가꾸면 큰 나무로 자라 숲을 이루게 된다. 즉 우리에게 돈이란 열매로 보상을 해준다. 부동산은 당신을 실망시키지 않을 것이다. 인생을 바꾸는 기회는 부동산 하나면 충분하다.

## 기적의 부동산 재테크 노트

**부정적인 생각은 자신에게 오는 기회를 놓친다**

보통 사람들은 부동산 투자는 돈이 많이 있어야 된다고 생각한다. 예전에 나 역시도 그런 생각을 했다. 하지만 방법을 찾으면 소액으로도 투자를 할 수 있다.

사람들은 큰 돈이 들어가는 부동산은 비싸서 못산다고 한다. 하지만 적은 돈이 들어가면서 수익이 나는 부동산을 지인에게 소개해주면 의심부터 하면서 투자하지 않는다.

너무 쉽게 얻은 정보라 별로 대수롭지 않게 생각한다. 부정적이고 의심만 하는 사람은 자신에게 오는 기회를 보지 못한다. 지나고나서 후회를 해봐야 속만 쓰릴 뿐이다.

# 02 부동산으로 돈 걱정에서 벗어나라

돈은 모든 것을 깨끗하게 한다.

– 탈무드

**돈에 끌려다니는 삶에서 벗어나야 한다.**

이 세상을 살아가면서 돈 걱정을 안 하고 살 수 있다면 얼마나 행복할까? 많은 사람들이 원하고 꿈꾸는 세상일 것이다.

'왜? 나는 돈이 항상 부족하고 없을까?'

'어떻게 하면 부자가 될 수 있을까?'

질문하고 생각하는 이런 과정은 답답한 나의 마음을 더 조여 왔다. 이런 생각은 나를 더욱 우울하게 만든다. 끊임없이 나에게 묻는 질문은 답이 항상 정해져 있다.

"돈이 없으니 아무것도 할 수 없어! 남들도 다 힘들어! 이렇게 사는 게 인생이야."

애써 나를 위로한다. 하지만 사는 것이 힘들수록 벗어나고 싶다는 욕망이 고개를 든다. 가난에서 벗어나는 방법을 모르는 나는 짜증이 더 심해지고 지쳐가고 있었다.

딸아이가 중2때 일이다. 아이가 연기가 하고 싶어 학원에 다니고 싶다고 말했다. 우리 형편은 아이를 연기학원에 보낼 여력이 되지 않았다. 부모로서 딸아이가 하고 싶어하는 것을 해주지 못할 때 마음은 찢어진다. 중2는 한참 하고 싶은 것도 많고 호기심이 많은 시기다. 아이의 욕구를 충족시켜주지 못하는 일이 많아질수록 삶의 회의가 들기도 한다.

"엄마, 나 연기 배우고 싶어! 학원에 다녀도 돼?"
"수빈아, 꼭 다니고 싶어? 그냥 하고 싶다는 감정으로 선택하고 결정하면 안 돼! 잘 생각해봐, 얼마 안 다니고 포기하면 학원비가 아깝잖아."
"엄마, 열심히 해서 배우가 될 거야! 허락해줘!"

딸아이를 키우면서 이것저것 하고 싶다는 것 다 해보게 하고 적성에 맞는 분야를 찾아주는 것이 엄마의 의무라고 생각하고 살아왔지만, 막상 환경이 어려워지고 힘드니 딸아이의 꿈을 꺾는 엄마가 되어 가고 있었다. 은근히 돈이 들어가는 것은 피했으면 좋겠다는 생각을 하게 된다. 또 마음 한편으로는 해주지 못하는 미안한 마음에 가슴이 찢어진다.

딸아이의 얼굴을 보니 도저히 거절하지 못해 남편과 나는 허리띠를 졸라매고 학원을 보내기로 했다. 카드를 긁고 결제를 했다. 아이의 표정은 세상을 다 얻은 모습이었다. 돈이 얼마나 큰 힘을 발휘하는지 새삼 깨닫게 된다. 우리가 살아가면서 힘든 이유는 거의 돈 문제에 달려 있다. 부자가 되면 거의 다 해결되는 걱정거리들이다. 부정하려고 해도 어쩔 수 없는 현실이다.

돈벼락을 맞고 싶다는 말의 심정을 이해한다. 카드 할부 인생에서 벗어나 돈 걱정하지 않고 체크카드만 사용하고 살고 싶다고 생각한 적이 있었다. 카드를 긁더라도 일시불로 계산하는 삶으로 멋지게 살고 싶었다. 하지만 매일 똑같은 생각, 반복되는 행동, 변화가 없는 언어로는 아무런 변화가 찾아오지 않는다. 돈 걱정에서 벗어나는 삶을 살기에는 역부족이다.

이런 상황에서 벗어나서 더 잘 살고 싶고 부자가 되고 싶다면 부동산 투자를 해야 한다. 돈 걱정에서 벗어나기 위해서는 우선 부동산을 가까이에 두어야 한다. 부동산을 멀리하면 부와 멀어지게 된다.

돈을 벌고 싶다는 생각을 해야 한다. 보이는 능력을 키우고 안목을 키우도록 노력을 해야 한다. 물건을 싸게 사서 시세 차익과 임대수익을 올리고 전세금이 상승하면 오른 보증금으로 다른 부동산을 사서 꾸준히 자산을 늘려야 한다. 처음 투자를 시작할 때가 어렵지, 건물 소유주가 되면 생각이 많이 달라진다. 자신감이 붙기 시작하면서 부자로 가는 행복감으로 세상이 달라 보이기 시작한다. 이건 나의 체험에서 우러나온 경험담이기도 하다.

## 물건은 부동산 중개사무소 여러 군데 내놓고 흥정을 해야 한다

2년 전에 대구 북구 동변동에 월세로 놓은 아파트가 만기가 다가오면서 전세로 돌리기로 결정했다. 요즘 부동산 규제로 매매심리가 꺾이면서 거래 절벽이 되기 시작했다. 금리 인상과 대출 규제로 매수를 하려는 사람들이 사라졌다. 이런 상황이 되면서 집을 사지 않고 전세로 들어가는 사람들이 많아지고 있다. 물량 공급이 많은 지역은 역전세난으로 힘들다고 뉴스에서 기사를 다루고 있다. 하지만 모든 지역이 다 힘들지는 않다. 내가 임대를 놓은 지역은 주위에 공급 물량이 없고 전세 물건이 없으면

돈을 벌고 싶다는 생각을 해야 한다.

보이는 능력을 키우고 안목을 키우도록 노력을 해야 한다.

서 수요가 꾸준하다.

한 달 전까지만 해도 소형 아파트 전세가가 1억 5천만 원~1억 6천만 원에 거래가 되었지만 물량이 없어서 내가 원하는 가격인 1억 7천만 원까지 더 올려 받아도 될 것 같았다. 나는 부동산에 전화를 돌렸다. A부동산은 얼마 전에 1억 5천백만 원~1억 6천만 원에 거래가 되었기 때문에 1억 6천만 원에 내놓아야 된다고 했다. 또 다른 B부동산에 알아보니 전세 물건이 없어 1억 7천만 원으로 가능하다고 손님을 붙이겠다고 했다. 그렇게 해서 몇 군데에 물건을 내놓았다.

결국 내가 원하는 보증금을 받게 되면서 은행의 대출금 1억 4천만 원을 상환하고 나머지 수익금을 부동산에 재투자하기 위해 물건을 알아보고 있다.

1억 6천만 원에 내놓으라는 부동산 소장은 고객이 원하는 가격에 대해서는 신경을 쓰지 않는 것 같았다. 어차피 전세가 나가면 양쪽 수수료를 별 차이 없이 받게 되니 손쉽게 거래를 시키려는 의도가 보였다. 꼭 여러 군데에서 알아보고 원하는 가격으로 맞추어달라고 의사 전달을 잘 해야 한다. 급하게 들어오려는 손님은 전세자금이 조금 높아도 계약을 한다. 급하게 서두르지 말고 여유 있게 집을 내놓아야 손해 보지 않는 거래를 할 수 있다.

우리는 돈을 벌기 위해 투자를 하는 투자가이다. 부동산 시장이 힘들고 어렵다 해도 틈새시장이 존재하고 또 다른 기회가 있기 마련이다. 투자를 멈추지 말고 투자를 할 수 있는 곳을 찾아 꾸준히 투자를 해야 더 큰 부자가 된다.

부동산 투자를 하면서 마음의 여유도 찾고 가족과 더 화목한 삶을 살고 있다. 지금은 딸아이가 고3이 되었다. 고등학교를 졸업하면 유학을 가고 싶다고 이야기한다. 딸아이와 서로 웃으면서 미래를 의논할 수 있게 된 현실이 얼마나 행복한지 모른다.

부동산 투자는 나에게 돈만 벌어주는 것이 아니라 덤으로 가족의 화목을 가져다주었다. 우리는 가족들과 행복하게 살기 위해서 열심히 돈을 번다. 당신도 부동산을 선택하면 인생이 달라질 것이라고 믿는다.

남들과 똑같이 주어지는 시간을 어떻게 사용하느냐에 따라 인생은 엄청나게 달라진다. 부동산에 눈을 돌리지 않았으면 지금의 생활은 꿈도 꾸지 못할 것이다. 부동산으로 지긋지긋한 돈 걱정에서 벗어나야 한다. 돈이 없는 사람은 가난에서 벗어나게 해주고 부자인 사람은 더 부자로 만들어 주는 것이 부동산이다. 우리가 투자하는 부동산은 시간이 지남에 따라 그 가치가 더욱 올라가고 물가상승과 함께 가격이 오르고 예상치 못한 부동산 시장의 변동으로 가격이 갑자기 튀어 오르기도 한다.

　얼마나 행복한 일인지, 당신도 나와 같은 경험을 해보고 부동산으로 돈 걱정에서 하루 빨리 벗어나길 바란다.

## 기적의 부동산 재테크 노트

**먼저 인터넷으로 부동산 매물 시세를 검색하고 부동산을 방문하라**

중개소에 방문하기 전에 '네이버부동산'에 들어가서 먼저 지역을 입력하고 아파트를 선택하면 매매, 전세, 월세의 시세가 뜬다. 먼저 온라인으로 검색하고, 여러 부동산에 전화를 걸어서 시세를 한 번 더 확인하고 자신이 생각하는 시세와 가장 잘 맞는 곳부터 찾아가서 가격을 흥정하면 된다.

부동산 중개인의 거래 방법에 따라 좋은 가격에 살 수도 있고 더 높은 보증금과 임대료를 받을 수도 있다. 찾고 구하라. 그리고 구했으면 이곳 저곳 다니면서 발품을 팔고 현장을 조사하라. 움직이는 만큼 돈이 보일 것이다.

# 03 부동산만이 미래를 보장해준다

*돈을 벌려고 일하는 자는 돈을 쓰면서도 기쁘지 못한 자보다*
*많은 괴로움을 겪는다.*
*– 아당 드라알(프랑스의 음유시인)*

## 자식에게 올인하지 말고 부동산에 투자하라

많은 사람들은 지금 당장 먹고살기에 급급해 미래를 생각할 겨를이 없는 게 현실이다. 당장 아이를 키우고 가족의 생계를 책임져야 한다. 앞에 놓여있는 현실이 고통스럽기 때문에 미래에 어떻게 살아야 하는지 계획을 세우고 실천하기가 힘들다.

아침 뉴스에서 힘든 삶을 살고 있는 폐지 줍는 노인을 취재했다. 생계를 위해서 폐지를 줍는 나이 드신 할아버지, 할머니 모습이 나왔다. 어떤 노인은 이틀 동안 폐지를 주워도 밥 한 끼 사먹을 수가 없다며 하소연한다. 초췌한 할아버지 모습과 함께 리어카에 파지가 한가득 실려 있었다. 할머니 한 분은 무게를 달아 단돈 900원을 받아 챙겼다. 고물상 주인은 동전 몇 개를 쥐어주면서 안타까워하고 미안해했다.

중국에서 재활용 수입 거부 품목으로 폐지를 포함하면서 수출길이 막혔다. 작년 12월까지 1킬로그램에 140원 하던 것이 3분의 1 가격으로 떨어져 1킬로그램에 40원 정도밖에 받지 못하게 되면서 힘든 노인들이 더 힘들어졌다. 그나마 생계수단인 폐지 줍는 일마저도 아무런 도움이 되지 못하며 더 막막한 현실에 놓이게 되었다. 방송을 보면서 너무 안타까웠다. 그 모습을 보며 마지막 남은 인생을 편안하고 풍요롭게 가족들과 행복한 여생을 보내는 삶을 살아야겠다는 생각이 들었다. 우리 모두 미리 준비를 하지 않으면 편안하게 살아야 할 노년기에 밥 한 끼를 걱정하고 살아야 하는 어려움에 처할 수 있다.

이런 분들은 자식들을 공부시키고, 출가시키고, 독립까지 시켰지만 정작 자신의 미래를 준비하지 못했기 때문에 고통을 받으며 살고 있는 것이다. 예전에는 자식들이 부모를 모시고 대를 이어가는 시절이었지만 요즘 시대에는 핵가족 문화가 확산되면서 자식에게 기댈 수 있는 시대는 끝이 났다. 경쟁사회라서 취업하기도 쉽지 않고 취업을 한다 해도 자신의 가정을 이끌고 가는 것만으로도 벅찬 사회에 살고 있다. 부모들도 이런 현실을 잘 알기에 자식들에게 손을 벌리기가 쉽지 않다. 자식은 부모가 어려움을 겪고 있어도 돈이 없어 외면해버리는 경우도 많다. 서로에게 상처를 주지 않는 삶이 행복일 것이다.

나이가 들고 힘이 없어도 나에게 꾸준히 소득이 발생한다면 암울한 세월을 보내지 않아도 될 것이다. 돈을 벌 수 있는 도구가 알지 못했기 때문에 돈에 시달리며 소중한 인생을 밥 한 끼 해결하는 데 만족하며 살게 된다. 지금부터라도 나의 미래는 스스로 만들어나가야 한다. 어느 누구도 책임져주지 못한다.

부동산은 육체노동을 하지 않아도 되며, 시간을 자유롭게 쓸 수 있게 해준다. 노후를 풍요롭게 보낼 수 있게 만들어 주는 것이 부동산이다.

### 발 빠른 판단력과 정보를 가지고 즉시 행동하라

미래의 노후도 중요하지만 당장 몇 달 후, 3년 후의 미래가 더 중요하다. 지금부터 부동산으로 준비를 하면 노후는 당연히 보장받게 된다. 부동산 투자를 하루라도 빨리 시작해서 젊었을 때 모든 것을 누리며 살아야 한다. 제대로 행복을 누리며 건강한 삶을 살아야 한다. 돈이 없는 보통 사람일수록 부동산과 가깝게 지내야 한다. 부동산 투자를 제대로 알면 얼마나 밝은 미래가 기다리고 있는지 알게 될 것이다.

전세가율이 높은 소형 아파트를 전세를 끼고 매매를 해서 시세차익을 남기는 사람들도 많다. 실투자금이 많이 들어가지 않는 선에서 투자하기에 좋다. 소형 아파트는 환금성이 뛰어나 처분하고 싶을 때 쉽게 처분이 가능하다. 이런 식으로 2년을 돌리고 상황을 봐서 매매를 해도 되고 전세보증금을 올려도 된다. 부동산의 숫자가 많아지면 엄청난 수익으로 돌아온다. 나는 이런 소형 아파트를 매매할 때에는 급매를 이용해 사들인다.

내 돈이 적게 들어가고 안정적인 수익을 올릴 수 있기 때문에 급매를 찾는다. 지난 2016년 8월 달에 매물이 쏟아져나오면서 대구 성서와룡 소형 아파트 시세가 1억 7천5백만 원이었다. 급매로 1억 5천만 원에 사서 전세 1억 4천만 원에 계약을 했다. 급매로 아파트를 사게 되면 손해볼 일이 없다. 부동산 시장이 회복되면 많은 수익을 안겨 준다.

2018년 4월에 접어들면서 다주택자 양도세 중과조치와 강도 높은 대출규제로 부동산 시장이 움츠리기 시작하면서 집을 사지 않고 전세로 옮겨 가고 있다. 전세 물건이 없자 전세가도 다시 예전 수준으로 전세 1억 5천만 원으로 회복되고 있다. 그러나 지역의 공급량과 수요에 따라 달라질 수 있다는 것을 명심해야 한다. 부동산 투자에는 타이밍이 중요하다.

내 돈이 적게 들어가고 안정적인 수익을 올릴 수 있기 때문에 급매를 찾는다.

각종 규제로 부동산을 옥죄고 있지만 이 과정을 직접 체험하면서 실전 공부를 하고 있다고 생각한다.

부동산 규제로 매물이 많이 나오면서 꼭 집을 팔아야 하는 사람은 어쩔 수 없이 급매로 팔 수밖에 없다. 이때 보석 같은 물건을 잡으면 많은 수익을 안겨준다. 부동산은 많은 일을 하지 않아도 되고 큰 노동력이 들어가지 않는다. 발 빠른 정보와 판단력을 가지고 행동하면 된다. 부동산에 가서 계약서에 사인만 하면 끝이 난다. 얼마나 간단한가? 나는 이런 보물을 찾기 위해 부동산 흐름을 파악하고 꾸준히 공부하며 안목을 키우기 위해 노력한다.

몇 년 전에 제주도가 땅 투자 열기로 뜨겁게 달아올랐다. 개발로 땅값이 천정부지로 올랐고 허름한 아파트도 품귀현상으로 가격이 많이 올랐다. 당시에는 중국인 투자자까지 합세해서 부동산 가격이 엄청 뛰었다. 잘 아는 동생 L씨는 지인들과 같이 제주도에 땅을 샀다. L씨는 5천만 원을 투자했지만 몇 년이 지나고 땅을 팔려고 해도 잘 팔리지 않는다. 가치가 없는 땅이었다. 돈 5천만 원을 고스란히 묵혀 두고 있는 셈이다. 엄청난 손실을 보고 있다. '이 돈으로 소형 아파트 투자를 하면 많은 수익이 날 텐데.'라는 생각에 속상했다.

은행에 근무하는 L씨는 결혼을 하지 않았지만 미래를 위한 투자는 부동산밖에 없다고 생각한다. 비록 실수로 손해를 봤지만 부동산으로 회복시키면 된다고 믿고 있다. L씨는 "언니, 혹시 좋은 정보 있으면 저한테도 좀 주세요."라고 했다. 그때 마침 괜찮은 오피스 물건이 있어 소개를 시켜주었다. 소액이라 크게 부담되지 않아 권했다. L씨는 흔쾌히 하겠다고 했다. 인터넷으로 확인할 수 있게 정보를 줬다. 그렇게 해서 오피스 두 채를 2천6백만 원에 계약했다. 오피스는 실투자금이 적게 들어가고 대출이 잘 되며 월세 수익률도 좋아 L씨 표정이 무척 밝아 나도 기분이 좋았다.

투자를 할 때에는 정확히 확인하고 해야 한다. 초보자는 땅에 대해 잘 알지 못한다. 건물 없는 넓은 땅을 보면 감이 잘 잡히지 않는다. 조사를 제대로 하지 않으면 피해를 본다. 지인은 업자의 말만 믿고 계약을 해서 손해를 봤다. 전형적인 기획 부동산에 사기를 당한 것이다. 부동산에 대해 잘 모르면 제대로 된 전문가를 만나 조언을 받는 것도 좋은 방법이다. 제주도에서 돈을 많이 벌었다는 말만 듣고 '사놓으면 되겠지'라는 안일한 생각을 하면 안 된다. 돈을 버는 것도 중요하지만 재산을 지키는 것이 더 중요하기 때문이다.

직접 사회에 나와서 돈을 벌어보면 현실이 얼마나 막막한지 실감하게 된다. 아무리 열심히 해도 돈은 모이지 않으며 하루하루 벌어먹고 사는 데에 바빠 자신의 꿈이 무엇인지 무얼 하고 싶은지 생각할 겨를 없이 그냥 주어진 하루를 살 뿐이다. 이런 삶에서 벗어나기 위해 젊은 사람들도 돈을 벌기 위해 부동산 투자를 많이 한다. 예전에는 돈이 많은 사람들이 부동산 투자를 한다고 생각을 많이 했지만 요즘 젊은 사람들은 책을 읽고 인터넷으로 정보를 파악하며 부자가 되기 위해 열심히 노력하는 사람들이 많다. 부동산에 일찍 눈을 뜨면 부자로 가는 길이 더 빨라진다. 내가 운영하고 있는 네이버 카페 '한국 부동산 투자 코칭협회'에서는 부자가 되고 싶은 사람들이 모여 부동산 투자에 대한 공부를 함께하며 인생을 바꾸고 있다.

조금만 관심을 가지고 찾아보면 돈을 벌 수 있는 기회는 얼마든지 있다. 단지 찾으려고 노력을 하지 않을 뿐이다. 후회하는 삶을 살지 않기 위해서는 반드시 부동산 투자를 해야 한다. 부동산만이 미래를 보장해준다. 부자가 되어서 내 인생을 내 맘대로 살 수 있고 남들 눈치 보지 않고 남들과 당당하게 살아가는 선한 부자, 행복한 부자가 되어야 한다. 부동산은 당신의 미래를 찬란하게 빛나게 해줄 것이다.

## 기적의 부동산 재테크 노트

**소형 아파트는 안정적이고 환금성으로 투자에 적합하다**

소형 아파트에 투자를 해야 한다. 소형 아파트는 외부 환경의 영향을 별로 받지 않는다. 꾸준한 수요 증가와 동시에 공급 또한 급격하게 늘어나지 않아 희소가치가 있다. 그리고 환금성이 뛰어나 돈이 필요하면 손쉽게 처분할 수 있다.

물가 상승에 비례해서 계속 오르고 세입자와 부딪힐 일도 거의 없어 임대를 놓고 관리하기에도 딱 좋다. 그만큼 안정적이고 위험성도 거의 없다.

한 가지 명심할 것은 급매물을 사려면 부지런히 발품을 팔아야 한다는 점이다. 소형 아파트는 그만큼 매력이 많은 아파트라는 것을 잊지 말라. 1천 세대 대단지 아파트를 공략하면 금상첨화다.

# 04 최고의 재테크는 부동산이다

가난 자체가 수치스러운 것이 아니다.
게으름, 방종, 사치 그리고 어리석음에서 비롯된 가난이 수치스러운 것이다.
─플루타르코스(그리스의 시인, 작가, 정치가)

**내 인생 최대의 위기 부동산으로 벗어났다**

어린 시절에 우리 집은 가난해서 내가 선택할 수 있는 것이 없었다. 집안의 환경에 맞추고 돈에 지배받으며 살아야 했다. 그런 가난한 생활이 싫어 17살부터 주경야독을 하며 산업현장에서 일을 했다. 나라도 보태면 집안의 환경이 달라지고 고생하시는 부모님과 동생들의 짐을 덜어줄 수 있다고 믿었다. 내 또래 친구들은 부모님 밑에서 공부만 하고 살아갈 고등학교 시절에 나는 생활전선에서 공부를 병행하면서 살았다.

3년을 그렇게 돈을 벌며 공부를 해서 졸업을 했다. 본격적인 사회생활을 해서 시골 부모님께 약간의 보탬은 되었지만 기대와 달리 숨통만 트였다뿐이지 환경은 크게 달라지지 않았다. 그때 나는 한 푼 두 푼 월급만 모아서는 절대 부자로 살아갈 수 없다는 것을 깨달았다. 더 이상 부자가 될 수 없다는 생각에 머리가 복잡해지고 사회가 원망스러웠다. 잘 먹고 잘 사는 사람들을 보면 도대체 어떻게 부자가 되었을까? '나도 저렇게 살고 싶다!'라는 부러움과 동시에 신세 한탄으로 끝나버리기 일쑤였다.

나이를 먹으면 당연히 결혼을 하고 아이가 생기면 잘 양육하면서 그럭저럭 살다가 가는 게 인생이라고 생각하면서 살았다. 그렇게 한 남자를 만나 결혼을 하고 아이를 낳아 키우면서 남들처럼 평범하게 삶에 순응하면서 살았다. 그런 나에게 시련이 다가왔다.

시아주버님 빚보증 문제로 결혼 이후 최대의 위기가 찾아왔다. 아파트 보증금을 급하게 빼서 어린 딸을 데리고 이사를 해야 했다. 이사 갈 집도 구하지 않은 상태라 짐은 꼭 필요한 생필품만 챙기고 큰 짐들은 시골에 계신 부모님 집 창고에 두었다. 보증금을 빼서 우선 급한 빚부터 갚아야 했다. 급한 불부터 끄고 나니 남은 돈은 200만 원이 전부였다. 그 돈으로 급하게 원룸을 구했다. 아이를 키우며 살 수 있는 환경이 아니었지만 찬밥 더운밥 가릴 처지가 아니었다. 가난한 생활의 고리를 끊고 싶었지만 현실은 나를 더 막막하게 만들었다. 다시 원점으로 돌아온 것이다.

 답답한 원룸에서 하루 종일 지내야만 했다. 딸아이를 어린이집에 보내고 싶어도 돈이 없으니 그럴 수가 없었다. 설령 돈을 좀 구해서 보내려 해도 갚지 못한 빚 때문에 위험했다. 아이를 어린이집에 보내면 채무자들이 혹시 주소를 조회해 찾아올까봐 걱정이 되었기 때문이다. 매일 같이 숨죽이며 1년을 버텼다. 남편이 개인택시로 하루 종일 벌어도 이자, 빚, 월세, 공과금을 내고 나면 단돈 1만 원을 모을 수가 없었다. 가지고 있던 딸아이의 돌반지, 내 결혼반지 등 돈이 되는 것은 다 팔아 생활비에 보태며 겨우 살았다. 당시에는 정말 사는 게 말이 아니었다. 살고 싶지 않았다. 만약에 딸이 없었다면 삶을 포기했을지도 모른다. 반짝반짝 빛나는 눈으로 엄마를 위해 무더운 여름에 땀을 뻘뻘 흘리며 춤을 추고 애교를 부리는 딸이 있어 견딜 수 있었다.

 나는 다시 시작한다는 마음으로 원룸을 탈출하기 위해 계획을 세웠다. 채무자들이 집에 찾아올 수 있기 때문에 남편과 서류상 이혼을 했다. 그리고 투룸으로 이사를 했다. 남편은 본인의 실수로 일어난 일이기 때문에 가족들을 위해서 받아들였다. 하지만 남편의 빚을 갚기 위해 돌려 막은 빚 때문에 아무리 열심히 일을 하고 모으려고 해도 돈은 모이지 않았다. 도저히 빚은 줄어들지 않았다. 더 이상 감당이 되지 않았다.

결국 나는 파산을 선택했다.

"수빈 아빠, 파산 신청해서 면책 받아야 겠어! 알아보니까 내 경우는 가능하다고 하니깐 우선 나 먼저 신청할게."

"그래, 그렇게 하자. 수빈이 초등학교도 보내야 하니 빨리 서둘러야겠다."

"둘 중에 한 명이라도 신용불량에서 회복되고 금융기관을 이용할 수 있으면 숨통이 좀 트일 거야, 다시 일어서면 되겠지."

"그래, 미안하다. 앞으로 잘 살자!"

나는 파산 신청과 동시에 동사무소를 찾아가서 기초생활수급자 신청을 했다. 파산 신청을 했다고 해서 금방 생활이 나아지지 않는다. 빚으로 나가는 돈이 줄어들었지만 밑바닥에서 시작하니 돈을 모으는데 시간이 걸린다. 그 동안 정부의 도움을 받아서 생활에 보탬이 되려고 한 선택이었다. 남들의 시선은 문제가 되지 않았다. 어려울 때 도움을 받아 시련을 이겨내고 빨리 회복하기 위한 결정이었다. 그렇게 해서 딸아이의 교육비와 정부보조금으로 생활비에 도움을 받았다. 엄청난 위기였지만 차근차근 하나씩 풀어나갔다. 신용불량이 회복되면서 4대보험이 적용되는 회사에 취직을 해서 직장생활을 열심히 했다. 하지만 생활이 크게 달라지지 않았다. 월급으로 돈을 모으기는 어림도 없다는 사실만 재확인할 뿐이었다.

　지긋지긋한 가난이 싫어 돈을 많이 벌 수 있는 일을 찾던 중 부동산 투자를 통해 돈의 굴레에서 벗어나겠다는 생각이 들었다. 아무것도 가진 게 없는 나는 어떠한 재테크도 할 수 없었다. 적금으로 어느 세월에 돈을 모아 부자가 될 것이며 가상화폐와 주식투자도 나와는 맞지 않았다. 실체가 없는 투자로 신경이 많이 쓰이고 불안해서 하지 않았다.

　조사를 하면 할수록 부자들은 부동산을 좋아했다. 부동산만큼 안정적으로 자산을 불려주는 수단이 없기 때문이었다. 부자들이 부동산을 좋아하는 이유를 알려면 인플레이션을 이해해야 한다. 인플레이션이란, 물가가 올라서 화폐의 가치가 떨어지는 것을 뜻한다. 부동산은 실물자산이기 때문에 인플레이션에 강하다. 특히 우리나라에는 면적 대비 인구는 밀집되어 있고 땅은 제한적이라 땅값이 오르면 건물가격은 자연스럽게 올라간다. 물론 모든 부동산의 가격이 반드시 오르는 것은 아니다. 지역과 입지에 따라 차이가 있지만 최악의 경우라도 주식처럼 휴지 조각이 되어 사라지지 않는다. 어떠한 경우에도 최소한의 가치는 유지한다.

　부동산 투자를 하면서 기초생활수급자에서 벗어날 수 있었다. 나는 동사무소를 찾아가 기초생활수급자 신청을 취소했다. 정부의 도움 없이 나

지긋지긋한 가난이 싫어 돈을 많이 벌 수 있는 일을 찾던 중
부동산 투자를 하면 돈의 굴레에서 벗어나겠다는 생각이 들었다.

의 힘으로 자립을 한 것이다. 너무 행복했다. 그리고 남편도 파산과 면책을 받아 행복하게 잘 살고 있다.

부동산은 다시 우리 가족들을 제자리로 돌려놓은 일등공신이다. 이것이 바로 부동산 투자의 힘이다.

그래서 나는 최고의 재테크는 부동산 투자라고 당당하게 말한다. 아직도 부동산 투자를 망설인다면 지금보다 미래에 더 후회하게 될 것이다. 기회를 기회로 보지 못하는 것이다.

지나고나면 할 수도 있었는데, 했어야 했는데, 해야만 했는데, 이런 후회를 하는 사람이 되지 않도록 해야 한다. 시련과 고통스러운 일이 닥쳐도 생각하기 나름이다. 당장은 죽을 것 같고 힘들어도 동물은 목표를 가지고 행동하고 실천하면 모든 일은 신기하게도 매듭을 풀듯이 하나씩 풀리게 된다.

아무리 힘든 일이 닥쳐도 헤쳐나갈 잠재적 힘을 누구나 다 갖고 있다. 하지만 자신을 믿지 못하고 포기하면 아무것도 가지지 못하고 이룰 수 없다. 실패한 인생을 살게 될지도 모른다. 이 세상에 태어나서 제대로 한 번 살아봐야 하지 않겠는가?

당신도 부자가 되어 돈에 휘둘리지 않고 제2의 인생을 살아가길 바란다.

## 기적의 부동산 재테크 노트

**시련에 굴복하지 말고 부동산 투자로 인생 역전하라**


지금 살고 있는 환경이 어려워도 벗어나고자 하는 욕망이 있으면 얼마든지 인생의 방향을 바꾸어 살아갈 수 있다. 나는 부동산을 선택했고 이때까지 해보지 못하고 산 것을 지금 누리면서 살아가고 있다.

힘든 시련 앞에서 포기하지 않았기 때문에 작가로서, 동기부여가로서 많은 사람들에게 도움을 주는 삶으로 나를 성장시켰다.


최고의 재테크는 부동산 투자다. 아직도 부동산 투자를 망설인다면 5년 뒤쯤에 자신을 원망하게 될 것이다. 그러나 부동산과 친하게 지내면 당신은 새로운 세상을 보게 될 것이다.

# 05 월세 받는 임대사업자가 되어라

가장 좋은 곳에 올라가려면 가장 낮은 곳에서부터 시작하라.
– 푸브릴리우스 시루스

## 알짜 급매물을 잡아라

부동산 투자로 집을 여러 채 매입을 하게 되면 재산세, 종합부동산세, 그리고 나중에 팔 경우에 양도소득세까지 신경이 쓰이게 된다. 이 모든 것을 하나로 해결할 수 있는 방법이 임대 사업자로 등록을 하는 것이다. 임대로 수익을 늘리고 사업을 확장할 투자자라면 꼭 필요한 방법이다. 부동산 투자로 수익이 늘어나면서 세금도 많이 늘어나게 된다. 하지만 세금이 무서워 투자를 중단할 수는 없지 않은가? 합법적으로 세금을 줄이고 투자를 계속할 수 있는 방법을 잘 활용하면서 집중해야 한다.

요즘 고등학생들의 생각이 궁금했다. 딸아이에게 물어보았다.

"친구들 가운데 부동산에 대해 이야기하는 아이 있니?"
"있어! 지훈이가 부동산 자격증을 따서 중개를 해 집도 사고 부동산으로 돈을 많이 벌어 부자가 될 거라고 하던데."

딸의 대답으로 보면 벌써 청소년들에게도 부동산이 화두가 되고 있는 듯했다. 딸이 덧붙였다.

"엄마, 근데 지훈이는 단지 돈만 많이 벌고 싶어 그냥 하는 말이야!"

고등학생도 돈이 있어야 세상을 살아가기가 편하다고 생각한다. '학생이 공부를 하지 무슨 돈이냐!'라고 할 수도 있지만 어려서부터 경제 개념을 바로 잡아 주는 것은 매우 중요하다. 우리 아이들이 돈에 대해 바로 인식하고 가치를 알아야 부자가 될 기회를 많이 가지게 될 것이다. 우리가 공부를 하고 기술을 배우는 것이 다 돈을 벌어 행복하게 살기 위해서다.

자녀들이 혹시 부모에게 부동산과 돈에 대해 물어보면 "쓸데없이! 공부나 하지!"라고 면박을 주거나 혼내지 말아야 한다. 이젠 시대가 바뀌었다. 부모도 마인드를 바꿔야 한다. 언제까지 가난을 물려줄 것인가?

 아이가 돈에 대해 알아가는 시기인 일곱 살이 경제 교육의 적기다. 현대 사회를 살아가려면 무엇보다도 돈의 개념과 중요성을 인식하는 것이 중요하다. 돈과 경제에 대한 지식과 정보가 없다면 합리적인 경제생활은 물론, 미래의 부자를 꿈꿀 수도 없다.

 대구 북구에 있는 아파트의 월세 만기가 3개월 정도 남았다. 임차인에게 전화를 걸어 어떻게 할 건지 물었다. 그러자 안동에 회사 발령이 나서 이사를 해야 한다고 했다. 부동산에 물건을 내놓으면서 보증금 1천만 원을 올려 새 임차인을 붙여달라고 했다. 부동산 소장이 물었다.

 "조금 싸게 놓아도 될까요?"
 "안 돼요. 임대등록할 거라 제가 원하는 가격대로 받아주세요."
 "아, 네. 그럼 맞추어볼게요."
 3개월 정도의 기한이 있어 급하게 놓을 필요가 없었다. 월세 임대료 상한선이 5%라서 깎아서 놓고 싶지 않았다. 처음 임대를 놓을 때 싸게 놓게 되면 시세가 큰 폭으로 올라도 시세만큼 올려 받을 수가 없기 때문에 최대한으로 받을 수 있을 만큼 받아야 한다. 5%는 임대기간 동안 반드시 지켜야 할 의무이다.

부동산 시장의 움직임에 따라 적당한 시세로 금액을 정한다. 이렇게 올려 받은 보증금은 급매물을 잡기 위해 쓰이는 투자금이 된다. 요즘 알짜배기 급매물이 심심찮게 나온다. 나는 그런 물건을 잡기 위해 노력한다.

'설마 보증금 1천만 원으로 가능할까?' 이렇게 생각하면 오산이다.

급매물을 잘 잡으면 취득세 포함 중개수수료까지 1천만 원으로 해결할수 있다. 처음에 전세를 끼고 소형 아파트를 사서 2년을 돌리고 상황에 따라 월세로 바꾸면 된다. 이런 아파트가 여러 채 모이면 어느 순간 엄청난 수익을 안겨줄 것이다. 부동산이 돈을 벌어다 주는 자동화시스템으로 움직이게 된다.

이것이 바로 누구나 꿈꾸는 월세 수익 구조다.

## 부자가 되고 싶으면 당당하게 임대 사업자등록을 하라

나는 부동산을 사면 무조건 다 임대등록을 하지 않는다. 왜냐면 어떤 아파트는 단기간에 오르지 않고 월세 정도로 만족해야 하는 경우도 있다. 단기임대인 4년으로 임대등록을 하고 아파트가 단기간에 시세차익이 많이 생길 것 같다는 판단이 서면 임대등록을 하지 않는다. 언제든지 마음대로 팔 수 있어야 하기 때문이다. 물건에 따라 등록을 해서 세제 감면 혜택을 받으면 되기 때문이다. 때론 급하게 돈을 돌리기 위해 팔아야 하는 경우도 생각해야 하기 때문에 일괄적으로 하지 않는다. 때에 따라 방식을 달리 한다.

지인 K씨는 정부의 각종 세금과 규제로 신경이 쓰여서 집을 팔아야 할지 고민이라며 복잡한 심경을 털어놓았다. 계속 가지고 있고 싶은데 세금이 마음에 걸린다고 했다.

"종합부동산세와 재산세 걱정이 돼서, 남편은 팔라고 하네."
"그런데 영미씨, 아파트 주위에 호재가 있어 팔기 아까워! 주택임대사업자에 등록하면 종합부동산세와 재산세 혜택으로 별 부담이 없어. 잘 생각해봐! 나중에 아파트 가격이 오를 확률이 높아서 그 정도 부담은 해도 될 것 같은데…. 계속 월세 수익을 보면서 보증금이 오르면 재투자해서 아파트를 늘리면 되지! 그게 남는 거야."
"그렇지, 은화씨 말 들고 보니 그것도 괜찮은 것 같아, 여러 채 갖고 있는데 정부에서 계속 쉴 새 없이 규제를 하니 걱정이 돼서. 임대등록을 하면 별 걱정 안 해도 되겠다."

영미씨네 아파트 주위에 대형마트가 들어서고 바로 옆에 도시개발로 신도시가 만들어지고 있다. 바로 옆에 왕복 6차선 도로가 확장되고 4차 외곽순환도로 공사가 진행중이라 교통도 더 편리해진다. 나는 아파트를 지금 시점에 파는 것이 너무 아까웠다. 나중에 다시 아파트를 매입해서 투자를 하려면 가격은 오르고 또 다시 취득세와 중개수수료가 들어간다. 재산세 얼마 내는 것을 아까워하지 말고 더 큰 수익을 봤으면 했다. 투자 가치가 있으니 팔지 말고 갖고 있으라고 조언했다.

나는 주택임대사업자 제도가 있다는 것을 아는 순간 세금과 관련한 걱정이 사라졌다. 합법적으로 절세를 할 수 있는 제도로 더 많은 부동산으로 임대사업을 할 수 있다는 것에 감사했다. 어떤 사람은 주택임대사업자등록이 돈을 버는 데 걸림돌이 된다고 생각한다. 하지만 나는 그렇게 생각하지 않는다. 한두 채일 때는 상관없어도 열 채, 스무 채가 넘으면 금액이 커져서 종합부동산세를 수천만 원씩 내야 한다. 이렇게 되면 매년 세금을 엄청나게 내야 한다. 투자가 하기 싫어질 수도 있을 것이다. 세금 많이 내고 기분 좋은 사람은 없을 것이다. 주택임대사업자로 등록해서 마음 편하고 즐겁게 투자를 하는 게 좋다고 생각한다. 단기 시세 차익을 보고 투자를 한다면 임대등록을 하지 않고 언제든지 팔 수 있게 투자를 하는 것도 괜찮다.

그러나 꾸준하게 월세를 받는 시스템으로 안정적인 부자가 되고 싶다면 절세의 수단으로 임대등록을 하면 된다. 투자를 하면서 세금을 두려워하면 안 된다. 세금 때문에 돈을 벌지 않을 수 없지 않은가?

수익이 많이 났으면 세금을 내는 것은 당연하다. 수익보다 세금이 많지 않을 것이다.

양도세 중과 같은 경우에는 조정대상지역에만 해당된다. 다주택자가 임대주택사업자 등록을 하면 다양한 세제 혜택을 누릴 수 있다. 취득세. 재산세를 면제 혹은 25~50% 감면받고, 5년 이상 임대 시엔 양도소득세 중과에서 벗어날 수 있다. 준공공임대주택으로 10년을 등록하면 임대기간 발생한 소득에 대해 100% 감면을 받을 수 있다. 2018년 12월 31일까지만 등록 가능하니 참고하라.

부동산 부자가 되고 싶다면 임대사업자등록은 필수다. 구청과 세무서에 가서 주택임대사업자로 등록을 해서 당당하게 월세 받는 임대사업자가 되면 된다. 내가 일하지 않아도 시간과 돈을 벌어 주는 시스템을 만들어 꾸준한 수익을 올릴 수 있게 만드는 것이 중요하다. 시장을 이기는 정부도 없지만 정책을 이기는 투자자도 없다. 정부의 정책을 무조건 피해 가려 하지 말고 잘 대응해나가는 지혜가 필요하다.

임대사업자 등록하고 부동산 부자 되라

부동산 부자로 계속 살아가려면 임대사업자로 등록하는 게 유리하고 필요하다. 단기차익을 바라고 투자를 한다면 임대사업자로 등록을 하지 않아야 한다. 임대사업자가 되면 임대 의무기간이 있어 매도를 마음대로 할 수 없다.

만약에 의무기간을 채우지 못하면 그동안 받았던 세금, 과태료까지 납부를 해야 한다. 그러나 계속 투자를 하고 부동산이 나를 위해 일을 하게 하려면 임대사업자등록은 필수다. 장점은 취득세, 재산세, 종합부동산세, 소득세(2018년까지 임대소득 2천만 원 이하인 경우에는 비과세)를 절세하게 된다는 것이다.

# 06 부동산 투자, 잘 아는 곳부터 시작하라

돈은 현명한 사람의 종교다.
— 유리피데스(그리스의 극작가, 시인)

## 부동산을 보는 안목을 길러라

어릴 적 우리집은 형편이 워낙 어려워 땅 한 평이 없었다. 그런 환경에서 자라 한이 맺혔는지 나는 땅, 집, 부동산에 관심이 많다. 예전에도 그랬지만 지금도 여전히 부자들은 부동산을 많이 갖기를 원한다. 땅의 영속성 때문에 세월이 흘러도 부동산 가치는 유일하게 변함없다. 나는 부동산의 '부'자도 모르던 20대에도 부동산을 많이 소유한 사람이 부자로 산다는 것을 알고 있었다.

20대 후반 시절에 회사를 다니며 경리 일을 할 때다. 돈이 없어 꼼짝없이 하기 싫은 일을 하면서 금쪽 같은 시간을 쥐꼬리만한 월급을 위해 모두 바쳤다. 그런 생활은 나를 만족시키지 못했다. 돈을 벌고 싶다는 마음이 나의 눈을 멀게 하고 판단을 흐리게 했다. 회사에 비치되어 있는 신문을 보게 되었는데 전원주택이나 별장을 지을 수 있는 땅을 판다는 내용이 실려 있었다. 신문을 읽는 순간 집을 지을 수 있는 땅을 사놓으면 괜찮겠다는 생각이 들었다. 나는 바로 전화를 걸고 약속을 잡아 청도에 있는 마을에 임장臨場이라는 것을 했다.

첫 번째로 소개 받은 마을에 있는 대지가 마음에 쏙 들었다. "실장님, 여기로 할게요." 하자 어딘가에 전화를 하더니 "죄송합니다. 갑자기 주인 마음이 바뀌어서 안 판다고 하네요. 죄송합니다. 다른 곳을 보여 드릴게요."라며 말을 바꾸는 것이었다.

그 당시 나는 속고 있는 줄도 모르고 땅을 사고 싶다는 마음에 다른 곳을 보러갔다. 마음에 쏙 들지 않았음에도 불구하고 땅을 사고 싶다는 마음에 '사놓으면 땅값이 많이 오르겠지!' 생각하고 덜컥 계약을 하고 말았다. 1천만 원을 주고 대지 90평을 샀다. 몇 년이 지나고 세월이 흘러도 땅 가격은 내가 원하는 대로 오르지 않았다. 평당 몇 만 원도 되지 않는 땅을 좋다고 샀으니 기가 찰 노력이다. 내가 산 땅이 개발에 포함되지 않는 이상 내가 바라는 수익은 힘들게 된 것이다. 기획부동산에 사기를 당한 것이었다.

부동산 업자에게 나 같은 순진한 사람은 부동산의 '부'자도 모르는 고마운 먹잇감이었다. 내가 사는 곳과 너무 많이 떨어져 있어 자주 갈 형편도 되지 못했다. 그 지역 땅값이 얼마인지 여러 부동산을 찾아가 시세와 앞으로의 발전 가능성을 체크를 해야 했지만 '땅만 사놓으면 어떻게 되겠지!'라는 안일한 생각만 하다가 결국 손해를 봤다.

제대로 확인하지 않고 부동산 업체의 말만 믿고 계약을 해 피 같은 돈을 사기당했다. 처음 하는 투자를 아무런 연고도 없이 오로지 부동산 업체의 말만 믿고 땅을 샀다는 게 얼마나 멍청한 짓인지, 지난 날을 돌이켜보면 나 자신이 부끄럽고 한심하다. 부동산에 대한 공부를 조금이라도 했으면 어처구니없는 실수를 하지 않았을 것이다.

내가 잘 아는 곳에 투자를 했으면 여러 부동산에 찾아가서 물어보고 어느 정도 시세를 가늠할 수 있었을 것이다. '그러면 속고 있다는 사실을 바로 눈치를 챌 수가 있었을 텐데…….' 하는 아쉬움이 컸다. 제대로 준비를 하지 않은 채 돈을 벌고 싶다는 마음이 앞서는 바람에 올바른 판단을 하지 못해 당할 수밖에 없었다. 자신 없는 투자는 전문가를 만나 조언을 구하는 것도 좋은 방법이다. 그리고 조언을 판단할 수 있는 안목을 기르는 데에도 노력을 해야 발 빠른 투자로 좋은 결과를 낼 수 있다.

**처음 시작하는 투자는 자신이 잘 아는 곳부터 해야 안전하다**

부동산 투자를 어디에서 시작할지 고민하다가 내가 가장 잘 아는 곳부터 투자를 시작해야겠다고 생각했다. 과거의 뼈아픈 경험으로 다른 지역은 피했다. 우선 내가 사는 지역 위주로 물건을 검색하고 부동산에 전화를 걸어 물건 상황을 파악했다. 이런 과정이 너무 재미나고 신났다. 나만의 보물을 찾아 나서는 기분이었다. 투자하기로 정한 지역의 부동산에 찾아가 원하는 정보를 얻기 위해 먼저 내가 어떤 물건을 찾는지 밝힌다.

"요즘 소형 아파트 시세가 어떻게 되요?"

"2억 1천5백만 원 정도로 거래가 되고 있어요. 괜찮은 물건 있는데 보여드릴까요?"

"제가 살 것은 아니고 급매물 위주로 찾고 있어요."

"네. 이 동네에 아파트 하나 사서 투자하면 좋죠. 몇 달 전에 남자손님이 주위 아파트 몇 채를 사서 임대를 놓아드렸어요."

"가격만 맞으면 좋을 것 같아요. 소장님, 단지마다 아파트 구조가 다르죠? 내부가 궁금한데 몇 군데 보여주세요."

그렇게 해서 여러 단지의 아파트 내부와 주차장을 확인했다. 아파트마다 건설사가 달라 조금씩 구조의 차이가 났다. 어떤 집은 방이 크고 거실이 좁고 또 다른 집은 방은 작지만 거실이 넓으며 주방도 넓었다. 젊은 사람들은 거실과 주방이 넓은 집을 선호한다. 예전과 달리 요즘은 거실에서 생활을 많이 해서 거실이 넓은 것을 좋아한다. 거실이 넓으면 현관에 들어서자마자 환한 느낌이 든다. 때문에 집이 넓어 보여 답답하지 않다. 주부가 가장 많이 사용하는 주방도 잘 확인해야 한다. 어느 가정이든 집에 대한 선택권은 주로 여자에게 있다. 당연히 계약 성사에 있어서 여자의 입김은 절대적이다. 현장을 여러 군데를 돌다 보니 어떤 집이 좋은지 눈에 들어왔다. 그리고 주차를 하는 데 있어서도 크게 문제가 되지 않는지 꼼꼼히 잘 챙겨야 한다.

　현장을 확인하고 다니니까 가슴이 뛰기 시작했다. 부자가 된 것처럼 너무 행복했다. 투자의 첫 발을 내디뎠다는 사실에 감동의 물결이 밀려왔다. 나는 부동산 소장님에게 투자목적으로 구입을 하기 때문에 급매물이 나오면 연락을 달라고 부탁했다. 며칠 후에 부동산 소장님들과 공유를 해서 급매물을 잡았다며 연락이 왔다. 매매가가 시세 대비 2천5백만 원이나 싸게 살 수 있게 되었다. 그 대신에 등기를 빨리 넘기고 싶다고 했다. 매도인이 이사를 빨리 가야 해서 잔금을 최대한 빨리 치르고 싶어 했다. 그 조건으로 급매로 싸게 구입할 수 있었다. 담보대출을 받아 잔금

조언을 판단할 수 있는 안목을 기르는 데에도
노력을 해야 발 빠른 투자로 좋은 결과를 낼 수 있다.

을 치르고 월세로 돌렸다. 모든 것이 일사천리로 잘 해결되었다.

내가 잘 아는 곳에서 첫 투자를 시작해서 만족하는 결과를 얻었다. 이렇게 판단을 내리고 결정할 수 있었던 것은 내가 잘 아는 곳이기 때문이었다. 잘 아니까 당연히 심리적으로 안정이 된다. 집과도 가까워서 세를 놓기 전에 내부에 간단하게 수리를 해야 할 곳을 둘러보는 등 관리하기에도 편했다.

남편은 실리콘, 수전교체, 지저분한 가스레인지 청소 정도는 미리 해결해서 세입자가 살고 싶은 마음이 들게 만들어 신속하게 임대를 놓았다. 먼 곳에 투자를 하면 신경을 제대로 쓰지 못한다. 부동산에 다 맡겨야 하기 때문에 시간이 오래 걸릴 수도 있다.

이런 과정을 통해서 부동산 투자에 대한 자신감이 커지고 열정이 더해진다. 다음 투자부터는 더 쉽게 투자를 할 수 있게 된다. 첫 부동산 투자를 힘들게 하면 그 이후 투자에 대한 자신감이 떨어져 쉽게 포기하게 된다. 어떤 사람은 자신이 잘 아는 지역은 피하고 잘 알지도 못하는 지역에 '누가 거기가 좋다더라!'는 말만 믿고 투자를 해서 낭패를 보는 사람들을 가끔 본다. 투자에는 나의 소중한 돈이 들어간다. 잘 알지도 못하는 곳에 남의 말을 믿고 투자를 하는 것보다는 내 눈으로 확인하고 나의 발품을 팔아 투자를 하는 것이 좋다. 그런 노력으로 이루어낸 부동산 투자는 자신을 더 크게 만들어가는 밑거름이 된다.

  부동산 투자에 확신이 서지 않은 채 돈을 벌고 싶은 욕심만으로 투자를 한다면 만족스러운 수익을 낼 수 없다. 부동산 투자는 자신의 안목을 기른 후에 투자 범위를 넓혀도 늦지 않다. 첫 투자는 많은 사람들이 긴장을 하고 두려워한다. 하지만 내가 잘 아는 곳의 투자는 심리적인 안정감과 위험성을 낮추는 투자 방법이다. 정보를 쉽게 접할 수 있고 내가 직접 주변 환경, 교통, 수요를 충분하게 파악할 수 있어 투자를 결정하는 데 많은 도움이 된다.

  초보 투자자들은 꾸준한 공부와 현장 임장을 병행하게 되면 부동산에 대해 어느 정도 분별력을 가지게 된다. 이런 경험을 가지고 자신이 잘 아는 곳에 투자를 하면서 기회를 잡고 투자 리스크를 줄여나가길 바란다.

## 기적의 부동산 재테크 노트

**생애 첫 부동산 투자는 잘 아는 곳부터 시작하라**

처음 투자를 할 때는 자신이 잘 아는 지역부터 시작해서 점차 영역을 넓혀 가면 된다. 주위에 일자리가 있고 교통이 편리한 곳과 대단지 아파트로 수도권에서는 500세대 지방에서는 100세대 이상의 아파트를 선택하는 것이 안정적이다. 그리고 소액으로 투자가 가능한 소형 아파트를 매수해야 하며, 매매가 대비 전세가율이 높은 아파트를 찾아야 한다.

투자처를 정했으면 머릿속에 지식만 채워넣지 말고 직접 투자를 해 봐야 한다. 그냥 공부로서 끝내지 말고 움직여야 한다. 많은 사람들은 돈을 벌려고 부동산 공부를 한다. 그렇지만 돈을 잃을까봐 실행을 하지 않고 남들이 하는 것만 지켜보기만 한다. 하지만 부동산 투자를 하다 보면 실전투자가 자신을 크게 성장시켜준다는 사실을 알게 된다.

# 07 인생 2막 부동산으로 성공하라

선택은 순간이지만 그 결과는 평생 영향을 끼칠 것이다.
– 엠제이 드마코(『부의 추월차선』 저자)

**노동으로 돈을 버는 것은 한계가 있다.**

하루하루 창살 없는 감옥에서 벗어나기를 희망하면서 열심히 살아왔지만 내 인생에 변화는 없었다. 힘든 하루가 반복될 뿐이었다. 지금까지 살아온 행동이 오늘의 나를 만들었다. 우물 안 개구리 그 자체였다. 하지만 이곳을 벗어나는 길은 오로지 나만이 찾아낼 수 있다.

'왜! 이렇게밖에 살 수 없을까?'

이런 생각이 내 머리를 때린다. 하지만 답을 찾지 못하고 안갯 속을 헤매다 늘 제자리에 서 있다. 아침에 출근을 하면 체조를 하고 일을 시작한다. 피곤한 몸으로 체조를 하는 둥 마는 둥 하고 자리로 돌아가 열심히 일을 한다. 자동차부품 생산직 사원으로 회사에 면접을 보러갔을 때 주위 사람들이 하나같이 걱정하며 말했다.

"몸이 약해 보여! 생산직 일을 잘 할 수 없을 것 같아."

제품들이 쇳덩어리라 무거웠다. 반장 눈에도 그렇게 비쳤는지 비교적 쉽고 간단한 일을 시켰다. 하지만 나는 그런 일이 싫었다. 만약에 회사에서 인원감축이 생기면 1순위로 제일 먼저 회사에서 쫓겨나야 한다는 사실을 알고 있었다. 그래서 나는 아무나 할 수 있는 일이 아닌 나만 할 수 있는 일을 맡고 싶어서 반장한테 비중 있는 일을 맡겨달라고 했다.

"은화씨, 할 수 있겠어요, 몸이 약해 보여 걱정이 돼서……"
"반장님, 할 수 있어요, 한 번 시켜 보세요."
"그럼 내일부터 저쪽 기계에서 인수인계 받아 일하도록 해요."

몇 달 동안 보조 일을 하다가 기계를 맡아 일을 하게 되니 너무 좋았다. 내가 맡게 된 기계는 남자 직원이 그만두게 되면서 내가 인수인계를 받은 거였다. 간단하게 기계를 고치고 여러 종류의 제품을 만들 때마다 일일이 손으로 조절해야 하고 무거운 제품과 하루 종일 씨름을 해야 한다. 월급이 많지는 않았지만 안정적으로 계속 돈을 벌 수 있다는 생각으로 견뎌 냈다. 주위 사람들은 놀라는 눈치였다. 나는 힘들다는 소리를 하지 않고 내 몫을 잘 해냈다.

내가 맡은 일은 현대에 납품하는 제네시스 자동차에 들어가는 부품 생산이었다. 품질검사도 아주 까다로웠다. 그럼에도 일 처리를 잘해 반장도 놀랐다면서 칭찬을 했다. 그때부터 반장이 나를 믿고 우선적으로 무엇이든지 잘 챙겨주었다.

고마운 마음에 더 열심히 일을 하다가 기계에 손가락이 끼여서 병원 응급실에 실려가기도 했다. 그럴 때면 나는 일하는 것이 너무 무서웠다. 잘못하면 손가락 골절로 이어지고 신경이 끊기면 장애가 남아 후유증으로 평생 고생을 하기 때문이다. 솔직히 내 체력으로는 감당하기 힘든 일이었다. 하지만 남들에게 일 못한다는 소리를 듣고 싶지 않았고 지기도 싫었다. 오기와 깡다구로 버티면서 하루하루를 보냈다.

정말 나에게는 다른 길이 보이지 않을 정도로 막막했다. '평생 공장에서 일만 하다가 풍요로운 세상을 제대로 즐기지도 못한 채 늙어가야 하나!'하는 생각에 괴로웠다. 몸을 써서 돈을 벌어 먹고 사는 생활에 한계를 느꼈다. 한 살, 두 살 나이를 먹게 되면 체력적으로 많이 힘들어진다. 그러다 보면 내가 견디지 못하고 스스로 제 발로 걸어 나와야 한다. 그런 현실을 몸으로 느끼게 되니 세상이 두렵고 무서웠다. 돈을 벌지 않으면 현실에서 살아남을 수가 없다는 사실을 나이를 먹을수록 더 뼈저리게 느끼게 된다.

많은 사람들이 나와 똑같은 두려움을 안고 살아가고 있다고 생각한다. 돈을 많이 벌어야 힘든 고통 속에서 헤어날 수 있다는 사실도 알고 있다. 하지만 어떤 선택을 해야 할지 모른다. 당장 눈앞에 밝은 미래가 있다는 것을 확인해야 믿고 움직이려 한다. 하지만 그 때는 이미 늦다. 많은 사람들이 똑같은 생각을 하며 살아가고 있다. 남보다 앞선 생각과 발 빠른 행동을 하지 않으면 가난한 삶에서 절대로 벗어나지 못한다.

### 방향을 잡아주는 멘토를 만나서 부자의 길로 가는 첫 걸음을 떼야 한다

나는 인생 2막은 제대로 시작하고 싶다는 생각을 많이 했다. 그렇게 살기 위해서 무언가를 선택해야 했다. 부동산 책을 읽자 부동산 투자라면 부자로 가는 길을 빠르게 인도해줄 거라는 확신이 들었다. 부동산만이 미래를 밝혀주리라 믿고 열심히 공부를 하고 투자에 집중했다. 그러던 중 지인에게 '30대를 위한 부동산 투자 연구소', 일명 '삼부연'을 소개받았다. 부동산 투자에 흠뻑 빠져 있는 나에게 삼부연은 더 크게 나아갈 수 있는 길을 열어주는 계기가 되었다. 나는 주로 아파트에만 투자를 했는데 부동산 5주 과정의 수업을 듣고, 부동산 투자에 대해 더 큰 그림을 그리게 되었다. 돈을 벌 수 있는 부동산 종류가 다양하게 많았다. 계속 혼자서 투자를 했다면 우물 안 개구리가 될 뻔 했다.

새로운 부동산 세계에 눈을 뜨게 해준 훌륭한 멘토를 만날 수 있어 얼마나 큰 축복인지 모른다. 대표님과 임장을 다니면서 부동산을 보는 안목을 길렀다. 넓은 경기도 평택지구를 둘러보는 데 굉장했다. 곳곳에서 개발이 진행되고 있었기 때문에 흥미진진하게 임장을 했다.

전문가의 정보와 지식을 활용해 투자에 좋은 결과를 준다면 기꺼이 돈을 지불하고 도움을 받아야 한다. 유명한 부자들도 자신의 멘토와 전문가에게 적절한 조언을 받아 일을 진행한다. 자신이 아무리 똑똑해도 무엇이든 척척박사로 다 알지는 못한다. 시행착오를 겪지 않고 시간과 돈을 벌어주는 가치를 알아보는 것 또한 최고의 능력이다. 지름길로 안내를 받을 수 있는 진정한 멘토와 함께 하면 자신의 인생을 바꿀 수 있다.

노동으로 힘든 삶을 살았던 나는 가난이 싫었고 돈을 많이 벌고 싶어서 부동산 투자를 시작했다. 그런데 그 부동산이 최고의 인생을 살게 해주고 있다. 나에게 새로운 인생 2막을 시작할 수 있게 기회를 열어주었다. 원하는 것이 있으면 얻으려고 노력을 해야 한다. 더 큰 부동산 부자로 살아가고 싶다면 제대로 배워 투자를 해야 한다. 좁은 곳만 바라보면 그만큼 시야가 좁아져 더 넓은 투자처가 있다는 사실을 모른 채 한정적인 투자로 정체된 수익에 머물게 된다. 부동산 부자로 사는 사람들과 전문가를 만나 수시로 교류가 이루어져야 한다. 투자의 방향을 점검하고 흐름을 파악해야 성공한 부자로 살아갈 수 있다.

절박함은 모든 것을 이겨내게 하는 힘이 있다. 자신이 부자가 되어야 하는 이유가 분명해야 한다. 무작정 부자가 되고 싶다는 생각만 하는 사람이 되지 말아야 한다. 분명한 목표가 정해져야 나아갈 방향을 잡을 수 있다. 자신과의 싸움에서 먼저 이겨야 한다. 실패를 두려워하지 말고 도전을 해야 한다. 부자가 되겠다는 의지로 자신을 무장시켜야 한다. 의심은 던져버리고 행동으로 투자를 즐겨야 한다. 시련과 노력의 흔적들은 나를 더욱 단단하게 만들고 나중에는 최고의 결과를 만들어준다. 그런 과정을 즐겁게 즐길 줄 아는 투자자가 되어야 한다. 인생 2막은 아주 멀리 있지 않다. 자신이 마음먹기에 달려 있다. 부동산으로 당신의 멋진 인생 2막을 눈부신 미래를 펼쳐보길 바란다.

## 기적의 부동산 재테크 노트

**가장 빠르게 가는 방법은 먼저 성공한 멘토를 정해야 한다**

성공해서 부자가 되고 싶다면 먼저 멘토와 롤모델을 정해야 한다. 또 멘토에게 배우고 싶은 목표를 확실히 정하고 커뮤니케이션을 자주 해야 한다. 일단 멘토를 정했으면 불평불만을 늘어놓지 말고 그 사람이 시키는 대로 해야 한다.

그리고 혼자 투자하다 보면 시행착오를 겪으면서 시간과 돈을 허비하고 제대로 된 방향을 잡지 못할 때가 많다. 이럴 때 나를 바로잡아줄 진정한 멘토가 있다면 자신의 인생을 바꿀 수 있다.

# 부동산은 부자가 되는 지름길이다

# Miracle Investment

# 01 부동산은 부의 추월차선이다

경제적인 삶이란 석탄을 아끼는 데 있는 것이 아니라,
그것이 불타고 있을 동안의 시간을 이용하는 데 있다.
– 랄프 왈도 에머슨(미국의 사상가, 시인)

### 평범한 사람일수록 부동산 투자를 하라

돈이 많은 사람을 부자라고 말한다. 부자들 중에 태어날 때부터 금수
저를 물고 태어난 사람도 있다. 하지만 열정과 노력으로 부를 이룬 사람
들도 많다. 누구나 열정과 노력을 더하면 부자로 살 수 있다는 말이다.
무엇에 열정을 쏟아부을 것인가? 먼저 생각하고 행동을 해야 한다.

돈을 모으는 방법으로는 은행, 주식, 펀드, 금, 비트코인 등 여러 종류
의 재테크가 있다. 이런 방법으로 빠르게 부자가 되기는 무척 힘들다. 너

무 위험부담이 크거나 아니면 수익률이 저조하다. 안전하게 자산을 지키며 불릴 수 있는 방법은 부동산 밖에 없다. 부자들은 부동산 인플레이션의 영향을 적게 받는 현물(부동산)을 산다. 현물의 가치는 금전의 가치를 누른다. 인플레이션은 모든 것을 비싸게 만들고 돈의 가치를 떨어뜨린다. 물가 상승으로 모든 게 비싸진다면 당연히 부동산도 비싸진다. 이런 이유로 부자들은 부동산을 많이 갖고 싶어 하고 계속해서 부동산에 투자한다.

돈이 없는 사람이 가장 빠르게 부자가 될 수 있는 투자가 부동산 투자다. 비록 흙수저를 물고 태어났지만 금수저로 역전할 수 있는 유일한 도구가 부동산 투자다. 월세를 살다가 부동산 투자로 집을 사서 이사를 하는 사람들도 많이 본다. 꼬박꼬박 받는 월급으로 집을 사기는 어렵다. 한 푼도 안 쓰고 통째로 다 적금을 넣어서 모은다고 해도 많은 세월이 걸린다. 거의 불가능하다고 본다. 하지만 부동산 투자라는 추월차선을 타면 수월하게 단기간에 부자가 될 수 있다.

지인 미정씨는 임대 아파트에 살면서 일반 아파트로 이사를 가고 싶어했다. 하지만 가진 돈이 없기 때문에 여기저기 알아보다가, 대출을 받으면 집을 살 수 있다는 조언을 듣고 바로 은행에 달려가 자신이 그동안 눈여겨봤던 집을 계약했다. 처음에는 대출 이자를 걱정하더니 내가 내 집 마련의 장점을 이야기를 해줬더니 금세 마음을 고쳐먹고 집을 샀다. 미정씨는 2년 뒤에 집값이 크게 올라 시세차익으로 더 넓은 집으로 이사를 했다. 처음 시작할 땐 대출을 받아 집을 샀지만 지금은 대출 받은 종자돈으로 굴리고 굴려서 넓은 집에 이사를 가고 부동산 투자도 하고 있다.

"은화씨, 이런 걸 왜 진작 몰랐을까? 대출 이자 아까워하고 계속 임대 아파트에 살았으면 아직 그대로 거기서 살고 있을 텐데, 정말 고마워."
"어떤 사람은 그렇게 조언을 줘도 알아듣지 못하고 고집을 부리고 사는데 미정씨는 올바른 판단으로 잘 된 모범사례야!"

우리 주위에는 아직 현실에 안주하면서 변화를 두려워하는 사람들이 많다. 자신이 움직이지 않으면 세상은 달라지지 않는다. 생각만으로는 부자가 될 수 없다. 원하는 것이 있으면 움직여서 얻어야 한다. 자신이 가진 것을 하나도 버리지 않고 바꾸지 않으면서 세상만 변하기를 바라는 것은 우물에서 숭늉 찾는 격이다. 아무것도 하지 않겠다는 것과 같다.
어떤 행동이 자신을 부자로 만들어주고 더 나은 삶으로 나아가게 만들어주는지 알아야 한다. 자신이 지금 살고 있는 생활이 만족스럽지 못하고 부자로 살고 싶다면 무조건 부동산 투자를 해야 한다. 돈 없고 스펙 없는 평범한 사람들이 부자로 살아갈 수 있는 가장 빠른 길은 부동산 투자이다.

### 부동산으로 경제적 여유와 시간적 자유를 가져라

나는 부동산 투자로 새로운 삶을 살고 있다. 예전의 나를 생각하면 상상이 가지 않을 정도로 모습과 행동이 많이 바뀌었다. 쪼들려 살 때는 항상 지갑의 돈을 걱정하고 마음 놓고 물건 하나를 고르지 못했다. 내 것 위주로 사는 것이 아니라 아이에게 필요한 것만 사는 소비 패턴이 지금은 내가 갖고 싶은 것은 마음 편히 가질 수 있는 상태로 탈바꿈했다.

이 정도도 무척 달라졌다고 할 수 있다. 그러나 더 중요한 것은 내가 원하는 일을 하고 산다는 것이다. 이것이 더 큰 행복이다. 더 이상 힘들게 노동만 하면서 돈을 벌지 않아도 되고 회사 관리자의 눈치를 보지 않아도 된다. 그리고 많은 사람들에게 동기부여를 할 수 있는 개인저서를 집필할 수 있는 기회까지 얻게 되었다. 나는 최고의 하루하루를 보내며 살고 있다.

부동산이 나에게 준 최고의 선물이다. 부동산이 내가 부의 추월차선을 타게 해준 것이다.

얼마 전에 경기도 이천 마장지구에서 점포택지 입찰이 있었다. 처음으로 추첨제에서 입찰제로 바뀌었다. 가기 전에 어떻게 하면 가격을 잘 써서 입찰을 할 수 있을지 공부를 했다. 그렇게 해서 경쟁률이 심했지만 그

중에서도 제일 입지가 제일 좋은 곳에 낙찰을 받을 수 있었다. 낙찰 받은 점포택지 도로 주변은 평당 1천만 원에 거래가 된다. 내가 입찰한 땅은 평당 180만 이다. 낙찰 받은 땅은 용적률이 200% 이상으로 평당 600만 원 정도 수익을 볼 것으로 예상된다. 입찰해서 낙찰을 받게 되면 돈을 많이 들이지 않고 점포주택의 건물주가 될 수 있다. 80%는 대출로 건물을 지으면 된다. 임대를 놓고 난 후에 후불 방식으로 건축비를 지불하면 된다. 수익형으로 계속 가지고 있어도 좋고 2년 후에 팔아서 시세차익을 봐도 좋다. 단, 팔 때는 2~3년 후에 매매를 하는 것이 수익률이 괜찮다. 매도 시기도 잘 파악해야 한다.

많은 사람들은 부동산 투자로 돈을 벌 수 있는 기회가 많다는 사실을 아직 잘 모른다. 나도 예전에는 아파트 위주로 투자를 했다. 부동산 물건을 볼 수 있는 시야의 폭이 좁았다. 혼자서 부동산 투자를 했기 때문에 투자를 하는 데 한계가 있었다. 하지만 부동산 공부를 하면서 전문가와 소통을 해 더 많은 기회를 잡을 수 있게 되었다. 이런 기회를 잡기 위해서는 부동산 공부가 먼저 되어 있어야 부동산이라는 물건에 대한 분별력이 생긴다. 아무리 좋은 물건이라고 설명하고 조언을 주어도 알아듣지 못하면 좋은 기회를 놓치는 실수를 하게 된다. 그러면 점점 더 부동산 부자가 되는 길에서 멀어지게 된다.

부동산은 돈을 벌게 해주고
경제적 여유와 시간적 자유를 누리게 해준다.

자본주의 사회에서 돈을 빼고는 말할 수 있는 것이 많지 않다. 무엇을 하나 시작하려고 해도 '돈'이다. 길거리에서 물 한 모금 먹고 싶어도 '돈'이 있어야 한다. 모든 일들은 돈으로 관계가 형성되어 있다. 돈을 기준으로 사회가 돌아간다. 그렇다. 돈은 많을수록 좋다. 내가 많이 가진 만큼 할 수 있는 일들이 많아지고 또 편하게 할 수 있기 때문이다. 많은 사람들의 걱정거리와 문제는 돈에서 비롯된다. 그러므로 대부분은 돈으로 해결된다.

대부분 사람들은 '건강이 최고다.'라고 말한다. 나 역시도 그렇게 생각한다. 하지만 건강도 돈이 있어야 지킬 수 있다. 매일 육체노동으로 살면서 제대로 쉬지 못하고 나이가 들도록 돈을 벌기 위해 힘든 일을 하고 있다면 건강을 계속 유지할 수 있을까?

물론 젊을 때는 가능하다. 하지만 인간의 육체는 나이가 들수록 생산력이 떨어지고 몸은 병들어간다. 고생을 하면 그만큼 건강을 잃기 쉽다. 만약에 몸이 아파도 치료를 받을 수 있는 경제적 여유가 있다면 병의 회복 속도가 빨라지고 더 편안한 삶을 살 수 있게 된다. 돈은 삶에 있어서 많은 부분을 차지한다.

부동산은 많은 것을 하게 해준다. 육체노동이 아닌 부동산으로 돈을 벌게 해주고 경제적 여유와 시간적 자유를 누리게 해준다. 이러한 풍요로움을 가지려면 부자가 아닌 사람들이 돈과 관련해서 강조하는 말은 귀담아듣지 말아야 한다. 그리고 생각과 말로 끝나는 습관을 버려야 한다. 배움이 있으면 실천으로 바로 행동에 옮겨야 한다. 그리고 엉뚱한 곳에 씨를 뿌리지 말고 부동산에 머니씨앗을 뿌려야 한다.

부동산 공부와 발품으로 좋은 물건에 시간과 노력의 씨앗을 뿌려놓으면 황금 같은 열매로 결실을 맺을 것이다. 부동산은 부의 추월 차선이라는 사실은 반드시 기억하라.

## 기적의 부동산 재테크 노트

**아끼는 삶은 결국 가난에서 벗어나지 못한다**

자신이 가지고 있는 것을 아끼려고만 하면 절대로 더 나은 인생을 살지 못한다. 지금 살고 있는 환경에서 조금 더 좋은 환경으로 옮겨갈 수 있는 방법을 간절히 얻고자 해야 한다.

나는 어느 순간 환경이 생각을 지배한다는 사실을 깨달았다. 사람은 적응의 동물이다. 힘든 현실에서 벗어나기 위한 행동을 하지 않는 사람은 평생 같은 생활을 반복하면서 더 나쁜 상황에 빠질 수 있다.

인간은 노화로 인해 노동력을 점차 잃게 된다. 부동산으로 내가 일하지 않아도 편안한 노후를 보낼 수 있도록 미리 준비를 해야 한다.

# 02 돈의 노예가 아닌 부동산 부자가 되라

돈을 벌기 위해서는 돈의 힘을 파악하라
- 말콤 S. 포브스

**변화 없는 삶일 때 과감히 방향 전환을 해야 한다**

주말에 커피를 마시며 책을 읽고 있는데 마주 앉은 딸이 문득 이런 말을 했다. "엄마, 예전에 생각했던 말인데 이야기해도 돼?"라고 말했다. 그러더니 자신의 생각을 나에게 이야기 했다.

"나 중2 때, '우리 엄마는 왜 돈을 못 벌지? 다양한 직업이 많은데, 돈 많이 버는 일을 하면 될 텐데,'라고 생각한 적이 있어."

"왜 그런 생각을 했어?"

"엄마는 매일 돈이 없어 힘들다고 하면서도 다른 일을 해 볼 생각을 하지 않았잖아."

딸아이는 새로운 일에 도전하지 않은 채 돈벌이가 안 되는 일에만 매달려 힘들다는 말만 되풀이하고 매일 똑같은 하루를 보내는 엄마를 보면서 안타까웠다고 했다. 나는 딸아이의 말에 당황하고 충격을 받았다. 어린 눈에 엄마의 모습이 그렇게 비쳤다는 사실에 놀랐다. 도전이 두려워 발전적인 삶을 살아가지 못하는 엄마를 보며 답답해했을 아이의 마음을 생각하니 그저 미안하고 부모로서 부끄러웠다.

당시 회사생활에 지쳐 있었던 나는 웃음이 사라지고, 짜증이 늘면서 아이에게 화를 자주 냈다.

"수빈아, 방이 왜 이래 지저분해! 정리정돈이 안 됐잖아. 빨리 치워!"
"공부는 안 할 거야? 엄마처럼 살고 싶어?"
"아빠, 엄마가 너를 잘 키우고 행복하게 살려고 힘들어도 돈 버는 건데. 제발 잘 좀 하자. 응?"

이런 생활이 반복되면서 가족이 모두 지쳐가고 있었다. 돈을 많이 벌어서 잘 살고 싶었지만 현실의 벽은 너무 높았다. 생산직 일이라 몸이 너무 고되어서 아침에 눈을 뜨기 싫을 정도로 사는 게 힘들었다. 먹고살기 위해 근근이 하루를 버티며 살았다. 육체노동으로 힘들게 번 쥐꼬리만한 월급으로는 내가 하고 싶은 일을 선택할 수 없었다. 가난한 생활로 정해진 테두리 안에서 주어진 생활밖에 할 수 없다는 현실이 나를 막막하게 했다.

나는 신세 한탄으로 세월을 보내면서 여전히 같은 생활을 반복했다. 생활습관과 행동은 가난한 사람들을 그대로 따라하고 있었다. 돈을 많이 벌어 부자가 되고 싶은 마음은 있지만 변화되지 않은 생각과 행동으로 돈의 노예로 끌려다니며, 여전히 같은 생활을 반복하는 불쌍한 나 자신을 발견했다. 비참한 생각이 들었다. '난 분명히 열심히 살면 부자로 잘 살 수 있다고 믿었는데……. 이렇게는 도저히 더 나은 삶을 살 수 없어! 방향 전환을 해야겠어! 내가 변하면 모든 게 달라질 거야.'라는 생각이 번뜩 들었다. 부자가 되어서 내가 원하는 삶을 선택할 수 있는 인생을 사는 게 진정한 행복이라고 생각했다. 어느 누구에도 구속받지 않는 자유로운 삶을 사는 게 나의 목표가 되었다.

### 부동산으로 구속받지 않는 삶을 살아라

딸아이와 친구가 나눈 이야기다.

"수빈아 너희 집에 놀러 가면 안 돼?"

"안돼!"

"왜? 맨날 안 된다고 그래! 예전에는 자주 갔는데 이유가 뭔데?"

"집에 아빠 계셔서 안 돼."

"아빠가 뭐하시는데 매일 집에 계셔?"

"엄마는 부동산 임대사업 하시고 아빠가 집안일 하시는데."

"와~ 멋있다! 너희 집 부자네! 금수저야?"


나는 딸아이 이야기를 듣고 있는 내내 즐거웠다. 딸은 친구들이 "너희 엄마 멋있다! 부러워."라고 말할 때 딸아이의 어깨 뽕도 함께 올라갔다고 했다. 딸아이의 이야기를 듣고 있으니 내 자신이 뿌듯하고 대견스러웠다. 요즘 고등학생들에게도 부동산이 화두라고 한다. 특히 남자아이들에게는 더 핫하다고 한다. 남녀노소 없이 부동산이 대세다. 이제는 부동산이 아니면 부자가 될 수 없을지도 모르겠다. 돈의 노예로 끌려 다니던 삶을 살 때에 나에게 또 다른 행복한 삶이 있으리라고 생각을 못했다. 그리고 남편이 암 투병으로 직장생활을 할 수 없지만 나는 걱정하지 않는다. 부동산으로 가족 모두 행복한 생활을 할 수 있게 된 지금이 너무 좋다.


부동산 투자로 방향을 전환하면서 점차 많은 것이 바뀌게 되었다. 막막하던 나의 미래를 그릴 수 있게 되었고 삶에 대한 생각이 바뀌면서 하루하루 사는 게 행복했다. 꿈이 생기면서 미래가 보이기 시작했다. 마음의 여유가 생기면서 짜증과 신경질적인 말투가 서서히 사라지게 됐다. 이런 엄마의 행동을 보고 "엄마, 웃는 모습과 자신감 넘치는 말과 행동이 너무 좋아! 엄마가 책을 읽고 있는 모습이 행복해 보여."라고 말했다. 딸아이의 진심어린 한마디에 기분이 하늘을 나는 듯했다. 그런 딸을 보는데 딸아이의 표정이 예전에 비해 무척 밝아져 있다는 것을 발견했다. 나 스스로 변하지 않으면 아무것도 가지지 못한다는 것을 깊이 깨달았다. 내 안에 있는 행복은 자신이 끄집어내야 한다고 생각한다. 행복은 내가 만들어 가는 것이다.

언젠가는 달라지지 않는 일에 매달려 세월을 허비했다는 후회가 밀려오는 시기가 찾아온다. 알지만 현실에 안주하며 새로운 도전을 하기가 쉽지 않다. 그나마 가진 것도 잃어버릴까봐 두려움이 도전을 이겨버린다. 그 결과 우리는 발전 없는 삶을 선택하게 된다. 결국 돈을 벌기 위해 즉 돈의 노예로 살아가는 슬픈 현실이 된다. 돈은 필요에 의해서 사용할 수 있는 도구가 되어야 하지만 보통 사람들은 원하는 것을 가지려면 돈의 눈치를 봐야 한다. '내 통장에 잔고가 얼마나 되지? 이걸 사면 언제까지 할부금을 갚아야 할까? 아이 학원비는 어떡하지!' 물건 하나를 고르고 살 때도 많은 고민이 시작된다. 몇 번을 만지고 들었다 놓았다 하면서 끝내 돌아서고 만다. 많은 사람들의 현실이다. 내가 지금 글을 쓰고 있는

내 안에 있는 행복은 자신이 끄집어내야 한다고 생각한다.
행복은 내가 만들어 가는 것이다.

지금 이 순간에도 갈등하는 사람들이 무수히 많을 것이다.

나 또한 그러한 삶을 수십 년 살았다. 예전에 나는 '다시 태어나면 할부 인생에서 해방되어 일시불, 체크카드를 사용하며 돈에게 지배당하는 삶에서 벗어날 거야!'라는 생각을 자주 했다. 정말 쪼들린 삶이 지긋지긋했다. 돈 때문에 상처 받고 힘들었던 기억이 내 머릿속에 많은 상처로 남아 있었기 때문이다. 물건을 살 때 가격을 의식하지 않고 나의 감정을 우선시하고 그 다음에 물건의 가치에 가격이 적절한지를 판단하는 사람으로 살고 싶었다.

밥만 먹고 사는 삶이 아니라 내가 원할 때 언제든지 가질 수 있는 풍요로운 삶을 살기 위해 부동산 부자가 되고 싶었다. 지금 나는 큰 부자는 아니지만 누구에게도 구속되지 않으며 내가 선택한 삶을 살아가고 있다. 발전되지 않는 삶으로 지쳐 있다면 자신과 가족을 위해서 부동산 투자로 방향을 전환해야 할 시점이라고 생각한다.

부동산으로 스스로 나의 통장에 돈이 들어오게 만들어야 한다. 부동산 투자를 즐기면서 돈을 버는 인생이야말로 최고다! 더 이상 돈의 노예가 아닌 부동산 부자가 되어야 한다. 어느 누구에게도 구속을 받지 않는 자유로운 삶을 살아야 한다.

부동산이 자산을 불려주는 유일한 도구라는 것을 기억하라. 그 어떠한 투자보다 단기간에 부자가 될 수 있는 가장 빠른 길은 부동산이다. 삶을 변화시키고 싶다면 부동산 투자를 하길 바란다.

## 기적의 부동산 재테크 노트

**부동산 투자로 가족을 지켜라**

월급만으로는 절대 안정적으로 살아가지 못한다. 나는 무엇보다 돈 때문에 가족이 흔들리는 삶을 산다는 것은 참을 수 없다. 돈 때문에 가족에게 상처를 주거나 아이에게 미안해하고 싶지 않아 부동산 투자를 한다.

가정을 든든하게 받쳐주는 재테크는 부동산이다. 당신에게 주어진 모든 자유를 누릴 수 있는 축복은 본인이 선택하는 것이다.

# 03 부동산을 모르면 부자가 될 수 없다

*현명한 사람은 그가 발견하는 이상의*
*많은 기회를 만든다.*
*- 프랜시스 베이컨(영국의 철학자, 과학자)*

## 먼저 부동산 투자 전문가의 조언을 경청하라

나는 경매에 관심이 있어 5주 과정으로 경매 수업을 들었다. 경매의 매력은 시세보다 싸게 살 수 있어서 처음부터 이기고 시작하는 투자라는 점이다. 정보는 미리 다 공개되어 있기 때문에 어처구니없는 실수만 하지 않는다면 실패 없이 낙찰 받아 투자에 성공한다.

지인이 결혼을 앞두고 집을 알아보다가 서울의 집값이 너무 올라 변두리로 관심을 돌리고 있었다. 그래서 경매로 시세보다 싸게 낙찰 받아서 내 집 마련을 해보면 어떻겠냐는 생각으로 경매 낙찰을 추진했다. 그러던 중 전문가의 조언을 듣고 신혼부부 특별 공급에 청약을 넣었다. 그런데 운 좋게 당첨이 되어 당첨된 순간 바로 1억이 올랐다. 2억까지는 오를 거라고 예상된다.

사실 지인은 청약 통장이 있어도 관심을 갖지 않았다. 청약 통장을 어떻게 활용해야 할지 몰랐던 것이다. 주위에서 다들 만드니 본인도 청약 통장을 만들어놓긴 했다. 하지만 언제 어떻게 활용해야 할지 몰라 대부분의 청약 통장을 서랍에 잠들어 있다. 그런데 지인은 전문가의 조언으로 청약 예금을 맞추고 조건에 맞게 청약을 넣어 당첨이 된 것이다. 돈 되는 물건에 투자를 잘 한 케이스다.

이런 때가 바로 부동산 투자의 위력을 실감하는 순간이다. 직장인으로서는 도저히 만질 수 없는 돈이기 때문이다. 이때를 계기로 부동산이 아니면 부자가 될 수 없다는 사실을 깨닫고 경매 수업을 듣고 안정적으로 투자를 하고 있다. 얼마 전까지만 해도 돈 걱정을 하면서 집을 알아보던 지인은 부동산 투자에 눈을 뜨고 재산을 늘려가고 있다. 많은 사람들은 남들이 부동산으로 돈을 벌었다는 이야기를 듣고 부러워하거나 무시해 버리는 경우가 많다.

제발 나와는 상관없다고 생각하지 말고 하루 빨리 부동산에 관심을 가지고 투자를 해야 한다. 부동산을 멀리하고는 부자가 될 수 없다.

여동생 친구 A씨는 보증금 5천만 원 임대 아파트에서 5억으로 재산을 늘렸다. A씨는 남편의 월급으로는 마음놓고 사고 싶은 것 하나 제대로 사지 못하고 물건 하나를 놓고도 여러 번 망설이면서 구입하는 평범한 가정주부였다. 결혼을 하면 제일 먼저 내 집을 마련하기 위해 계획을 세우고 돈을 모은다. 하지만 아무리 열심히 모아도 집을 사기에는 역부족이다. 월급 오르는 속도에 비해 집값이 너무 큰 단위로 오르기 때문에 A씨는 한숨만 쉴 뿐이었다.

그래서 A씨는 은행의 힘을 빌리기로 했다. 즉 대출을 받아 소형 아파트를 구입했다. 그렇게 해서 내 집 마련을 했다. 이사 갈 걱정 없이 아이를 키우며 살다가 아파트 가격이 크게 오르자 이번에는 살고 있던 아파트를 팔고 조금 더 큰 평수의 아파트로 옮겨 갔다. 이런 식으로 몇 번 갈아타기를 반복해서 현재는 5억 원이 넘는 아파트에서 살고 있다.

A씨가 남편의 월급만 믿고 악착같이 모으기만 했다. 5억이 넘는 아파트를 몇 년 안에 소유할 수 있었을까? 도저히 불가능했을 거라고 생각한다. 지금도 A씨는 부동산 투자로 하고 싶은 것을 하면서 마음 편하게 산

다. 돈 버는 생각만 바꾸었을 뿐인데 생활환경이 바뀌었다. 더 이상 집에 집착하지 않아도 되며 좀 더 여유로운 생활을 하게 된 것이다.

보통 사람들은 돈을 모아서 집을 사려고 한다. 하지만 그렇게 해서 우리나라에서 집을 사기는커녕 늘 떠돌이 신세를 면하지 못한다. 물가는 계속해서 오르고 월급은 제자리인 상태에서 실물 자산인 부동산은 무서운 속도로 오른다. 이런 상황에서 무슨 수로 돈을 모아 집을 산단 말인가? 나는 답답한 마음에 조언을 한다.

"전세자금을 대출 받아 집을 사는 게 어때? 그게 돈 버는 길이야!"
"싫어! 난 대출 받아 집 사기 싫어, 다 빚이잖아!"
"돈 모아서 집 살 수 있을 것 같아? 그렇게 해서는 평생 집 못 사! 로또라도 되면 몰라."
"내 돈도 아닌데, 이자도 나가고 아깝잖아!"

내 주위에도 이렇게 말하는 지인이 있다. 더 이상 말하고 싶지가 않다. 저렇게 사는 것도 자신이 선택해서 사는 삶이니 못 알아들으면 어쩔 수 없다. 본인이 깨닫지 않으면 아무리 좋은 조언과 정보를 주어도 소용이 없다. 이렇게 살다 보면 늘 제자리 인생을 살게 된다.

부동산 투자는 시간에 투자하는 것이다.

몇 년이 지나도 전셋집에서 벗어나질 못한다. 집주인이 보증금을 올려 달라고 하면 올려주고 집주인 눈치만 보고 사는 세입자로 살고 있다. 반면에 A씨는 대출을 받아 내 집 마련과 동시에 재산을 늘려나가고 있다. 꾸준한 투자로 쪼들린 삶이 아닌 여유로운 삶을 살고 있다. 하지만 지인은 대출을 두려워하고 이자가 아까워서 전세자금만 붙들고 살고 있다. 이렇게 둘을 놓고 보면 한 명은 5천만 원에서 5억 이상을 벌었지만 지인은 아직도 1억 정도의 빌라 전세자금을 지키고 있다. 앞으로 점점 더 돈이 줄어들고 손해를 볼 것이다.

부동산 투자는 시간에 투자하는 것이다. 시간은 내가 가진 돈의 가치를 떨어뜨린다. 물가가 오를수록 돈의 가치는 떨어지고 실물 자산이 오르기 때문이다. 그래서 돈의 가치가 떨어지더라도 자산을 지킬 수 있는 실물자산인 부동산에 투자를 해야 한다. 대출을 이용하면 엄청난 수익이 예상이 되는데 대출에 편견이 있고 부동산을 잘 몰라서 기회를 놓쳐버리고 있는 것이 안타깝다.

### 부동산 투자에 대한 편견을 버려라

부자들은 대출을 최대한 이용하고 적극적으로 활용한다. 많은 보통 사람들이 이자가 무서워 벌벌 떨고 있는 이 순간에도 부자들은 돈을 많이 빌려서 이자를 지불하고 더 많은 수익을 낸다. 보통 사람들은 부정적인 사고가 가득하다. 의심이 많은 사람은 절대 부자가 되지 못한다. 계속 의심만 하다가 행동으로 옮기지 못하고 기회를 놓쳐버린다. 돈을 벌 수 있는 방법이 있는데 제대로 알아보지도 않고 자신의 고집으로 행동하며 결코 부자로 살지 못하고 가난하게 살게 된다.

부자들은 부동산으로 자산을 불리고 있다. 사업가와 연예인들도 돈을 벌면 부동산을 사들인다. 언론에서도 심심찮게 보도가 된다. 대출 받아 빌딩을 샀다는 소식과 몇 년이 지나 수십억의 수익으로 자산가치가 상승했다고 보도한다. 일단 부동산은 안정적인 자산이기 때문에 많은 부자들이 부동산을 가지려 하는 것이다. 용도에 따라 가치가 크게 오르는 장점도 있다. 허름한 상가가 리모델링으로 인해 수익이 상승하는 경우도 많다. 하물며 전세 아파트도 곰팡이 핀 실리콘과 전등, 샤워기 손잡이, 문손잡이만 바꾸어도 세가 잘 나간다. 지저분한 집보다 보증금도 더 받을 수 있다. 우리는 비싼 빌딩에 투자를 하지 못해도 소액으로 얼마든지 투자를 할 수 있다. 우리는 우리 방식대로 차근차근 자산을 만들면 된다.

주위의 부자들은 상가건물과 부동산을 임대를 주며 살아가고 있다. 부동산에 대한 의심을 버리고 곰곰이 생각해봐야 한다.

"어떻게 하면 부동산으로 돈을 벌 수 있을까?"

한 푼 두 푼 모아서는 절대로 부자로 살지 못한다. 빨리 돈을 많이 벌어서 남이 원하는 일을 하지 않고 내가 원하는 일을 하며 살아야 한다. 보통 사람들이 부자가 될 수 있는 길은 부동산 투자라고 생각한다. 부동산 투자는 어떠한 조건도 필요하지 않다. 전문가의 조언을 듣고 바로 행동할 줄 아는 사람이라면 부자가 되기 쉽다. 부동산에 대해 잘 모르면 전문가를 통해 배우면 된다. 인터넷으로도 많은 정보를 찾을 수 있다. 부동산에 대한 편견을 버리면 한결 가벼운 마음으로 투자를 할 수 있을 것이다.

부동산으로 돈을 벌고 싶다는 절실함과 행동이 있으면 부자로 가는 길이 당신을 맞이할 것이다.

## 기적의 부동산 재테크 노트

**나쁜 대출과 좋은 대출**

**나쁜 대출:** 소비성으로 대출을 받거나 투자 목적으로 너무 무리해서 대출을 받아 경제적인 압박이 오면 당장 멈추어야 한다.

**좋은 대출:** '레버리지 효과'를 활용하는 대출로 타인 자본을 지렛대로 삼아 수익률을 높이는 것이다.

예 : 1억 원의 자기자본을 투자해 2천만 원의 수익을 올렸다면 수익률은 20%이지만 자기 자본 6천만 원에 타인 자본 4천만 원을 더해 2천만 원의 수익을 냈다면 수익률은 33.3%이다. 대출금리보다 더 큰 수익률을 올릴 수 있다면 잘 활용하는 것이 좋다.

물론 대출을 이용한 투자는 신중해야 하지만 무조건 피해야 한다는 편견은 버리고 현명하게 이용해야 한다.

# 04 저축과 적금으로 시간 낭비하지 말자

돈을 사랑하는 것만으로는 부자가 될 수 없다.

– 유태인 격언

### 부자는 남의 돈으로 돈을 번다

지금도 많은 사람들은 돈을 모으기 위해 절약하면서 하고 싶은 일을 미루며 살아간다. 매달 들어오는 월급에서 얼마를 떼내 저축을 하고 적금을 붓는다. 미래를 위한 준비를 하는 것이다. 하지만 이마저도 힘에 부칠 때가 많다.

세상살이가 호락호락하지 않다. 고정적으로 들어가는 지출 외에도 생각지도 못한 일들로 큰 돈이 지출되기도 한다. 한 달에 들어가는 평균적인 지출로도 허리가 휠 정도인데, 갑작스러운 지출로 인해 그동안 모은 돈이 흔적도 없이 사라진다. 이럴 때면 인생살이가 너무 고되고 지친다. 허탈한 기분에 세상이 원망스러워진다.

우리네 사는 인생은 대부분 비슷한 경험을 하면서 살아간다. 예전에 나만 힘들다고 생각했지만 우연히 다른 사람들의 삶을 들여다보면서 시련의 정도가 다를 뿐이지 비슷한 어려움과 상처가 있다고 느꼈다. 어떤 사람들은 "먹고 죽을 돈도 없다."라는 말을 하기도 한다. 그만큼 살기가 힘들다는 것이다.

사람들이 힘들어 하는 건 대부분 금전적인 문제다. 경제적인 어려움만 해결되면 삶이 편안해질 사람들이 대다수다. 문제는 돈을 많이 벌 수 있는 방법을 알지 못한다는 것. 그래서 보통 사람들은 그나마 저축과 적금에 매달린다. 하지만 이건 어찌 보면 시간을 낭비하는 일이기도 하다.

우리나라 임금근로자 10명 중 4명은 월급이 200만 원에 못 미친다고 한다. 300~400만 원 벌어도 마찬가지다. 요즘 직장인들은 마이너스 통장 하나쯤은 거의 다 가지고 있다. 언제든지 비상용으로 쓰기 위해 준비를 하는 것이다. 그나마 마이너스 대출을 이용하지 않고 살아가는 것만으로도 다행이다. 이러한 상황에서 저축과 적금만으로 돈에서 해방이 될 수 있을까? 어느 세월에 내가 원하는 집과 자동차를 사고, 사랑하는 가족들과 여행을 다니는 삶을 이룰 수 있을까?

세상을 살면 살수록 더 막막해진다. 많은 사람들이 꿈꾸는 행복한 삶은 사라진지 오래다. 부모님 세대는 저축을 해서 내 집 마련을 하고 자식들 공부를 시켰지만, 현재는 물가 상승과 돈의 가치하락으로 저축을 했다가 그때 가서 부동산 가치가 상승하면 또 그 부족한 만큼 채우기 위해 돈을 모아야 한다. 저축과 적금으로는 계속 다람쥐 쳇바퀴 도는 생활만 할 뿐이다.

물론 얼마간의 돈을 모을 때는 적금과 저축의 힘을 빌려야 한다. 종자돈이 모이면 정기적금에 묶어 두지 말고 더 큰 돈을 벌 수 있는 부동산에 투자를 해야 한다. 더 나은 삶을 위해서 몇 년은 무조건 종자돈을 모으는데 집중해야 한다. 소액 2천만 원으로도 부동산에 투자할 수 있기 때문이다. 나는 2천만 원으로 시작해서 은행 대출을 활용하여 아파트를 샀고 투자금의 5배를 벌었다.

내가 만약에 은행에 저축만 계속하면서 돈을 묶어두었다면 어떻게 되었을까?

답은 뻔하다. 단기간에 5배의 수익을 낼 수 있는 것은 부동산밖에 없다. 회사를 다니면서 아끼고 아껴도 도저히 만들어낼 수 없는 돈이다.

내 친구는 집을 사겠다고 꾸준히 적금을 붓고 있다. 적금으로 집값 상승을 어떻게 따라잡을지 의문이다. 남편이 대출 받는 것을 싫어해 집을 살 돈을 계속 모으고 있다고 했다. 나로선 답답할 따름이다. 현실이 어떻게 돌아가는지 몰라도 너무 모르는 것이다.

"선영아, 그렇게 해서는 절대 집 못 사! 넌 요즘 부동산 소식도 안 듣고 사니? 지금 다들 집값이 너무 올라 발을 동동 구르는데 넌 태평이야."
"나는 대출을 받아서라도 사고 싶은데 남편이 저러니……. 알아서 하겠지."
"그래 너도 답답하겠다."

선영이는 남편이 대출을 받기 싫어해서 계속 전셋집에 살고 있다. 나는 그런 선영이가 딱해 대출을 이용해서 집을 사기를 권했다. 나는 2천만 원을 투자해서 많은 수익을 냈지만 선영이는 전세금을 집에 묶어두기 때문에 자산 상승이 생기지 않고 있다. 오히려 물가 상승률을 반영하면 손해를 보고 있다. 만약에 은행의 힘을 빌려 집을 샀다면 대출 이자를 내고도 자산이 많이 늘어난다. 담보 대출을 끼고 집을 마련하지만 그것으로 인해 가게 부채가 는다고 생각하면 안 된다. 내 집 마련을 위해 적금을 넣는 것과 마찬가지로 먼저 금액을 당겨서 그걸 갚아 나간다고 생각하면 된다. 그러던 중 시간과 가치에 따라 집값이 상승하면 나의 자산으로 이어진다.

　생각의 차이다. 은행의 대출을 너무 어려워하고 두려워할 필요가 없다. 우리는 은행을 이용하고 활용해서 정당한 이자를 지불하면 아무런 문제가 없다. 은행과 친구처럼 지내게 되면 돈을 불리는데 더 많은 도움을 받을 수 있다는 사실을 알게 된다. 부자들은 은행을 가까이에 두고 언제든지 필요할 때 이용한다. 은행의 돈을 최대한으로 많이 빌려 투자를 하고 부를 늘려가고 있다. 보통 사람들은 은행을 저축과 적금을 넣고 빼는 안전한 기관이라 믿고 전 재산을 넣어 둔다. 하지만 부자들은 서민들이 은행에 넣어둔 돈에 싼 이자를 지불하고 마음껏 자산을 늘리는데 사용한다.

## 부동산 투자를 하면서 시간부자로 살아라

　우리는 점점 더 살아가기가 힘든 시대에 살고 있다. 많은 사람들은 미래를 위해 돈을 모은다고 생각한다. 하지만 돈을 모으는 데는 한계가 있다. 육체노동만으로는 현금흐름을 계속 만들어갈 수 없다. 사람은 나이가 들수록 모든 기능이 떨어져 언젠가는 생산 활동을 할 수 없게 된다. 그런 상황에 대비하기 위해 많은 돈이 필요하다. 인간이 벌 수 있는 수입

경제적인 자유를 얻어야 시간부자로 살아갈 수 있다.
그러기 위해서는 가난한 습관을 버려야 한다.

에는 한계가 있기 때문에 노동력을 사용하지 않는 현금흐름을 확보해야 한다. 부동산 투자는 불안한 미래를 말끔히 해결해준다. 더 이상 저축과 적금으로 시간을 낭비하지 말아야 한다.

'시간은 금이다!'

누구나 다 아는 말이다. 그렇지만 사람들은 의외로 시간을 귀하게 생각하지 않는다. 우리에게 쓸 수 있는 시간이 정해져 있다면 마음 놓고 함부로 쓸 수 있을까? 우리는 시간을 통해 돈을 벌고 살아가고 있다. 시간을 많이 확보한 사람이 결국에는 부자가 되는 셈이다. 보통 사람들은 시간을 자유롭게 쓰지 못한다.

정해진 시간에 정해진 수입으로 살아가기 때문에 일을 하지 않으면 모든 경제 활동이 끊기게 된다. 경제적인 자유를 얻어야 시간부자로 살아갈 수 있다. 그러기 위해서는 가난한 습관을 버려야 한다. 많은 사람들이 저축과 적금을 하지만 형편은 좋아지지 않는다. 똑같은 생각에서 벗어나 부동산 투자에 시간을 저축하는 방법이 당신을 더 빠르게 부자의 길로 안내한다.

보통 사람들은 많은 시간을 들여 돈을 모으지만 부자들은 은행에서 돈을 빌려 짧은 시간 동안 많은 돈을 벌어들인다. 안전하다는 생각만으로 저축과 적금으로 세월을 보낸다면 죽을 때까지 경제 활동을 할 수밖에 없다. 통계자료에 의하면 물가 상승률은 2% 내외다. 만약 은행, 보험이 자가 2%라면 거의 재테크의 결과는 0이라고 봐야 한다.

더 이상 저축과 적금으로 시간을 낭비하지 말아야 한다. 이러한 사실을 깨닫고 인식을 해야 삶이 달라질 수 있다.

누구나 경제적인 자유를 꿈꾼다. 부동산 투자로 돈을 벌면 직접 시간을 내어 일하지 않고 돈에 쪼들린 삶을 살지 않아도 된다. 하고 싶은 일을 마음껏 하고 사랑하는 가족과 여행을 다녀도 생활비 걱정 없이 여유로운 삶을 살게 해준다. 자신이 가진 돈을 최대한으로 이용해서 자산을 늘리는 데에 집중하면 삶이 바뀌게 될 것이다.

## 기적의 부동산 재테크 노트

**부동산 규제정책이라고 투자를 망설이지 마라**

정부는 대다수를 위한 정책을 펴고 있지만 모든 사람들을 만족시키지 못한다. 부동산 시장을 잡으려고 여러 부동산 규제정책을 쏟아내지만 실물자산인 부동산에 대해 속시원한 해결책을 내놓지 못한다. 정부는 집값이 서서히 올라가기를 원하고 투기 세력을 잡고 싶을 뿐이다.

즉 부동산 가격 자체를 하락시키고 싶은 것은 아니다. 그러니 만약에 부동산 가격의 하락을 바라고 집을 사지 않는다면 시간이 지날수록 후회하며 가슴을 치게 된다. 이런 일은 예전부터 계속 반복된 패턴일 뿐이다.

# 05 스스로 부자가 될 기회를 만들어라

자신의 운명은 자기 스스로 관리하라.
그렇지 않으면 당신의 운명을 다른 누군가가 결정짓는다.
– 이나모리 가즈오(교세라 명예회장)


## 위기 속에도 기회는 존재한다

정부의 부동산 규제가 지속되면서 부동산 시장이 활발하게 움직이지 않고 있다. 금리상승과 대출 규제까지 합세하면서 부동산 시장은 계속 '흐림'이다. 이런 가운데도 집값이 고공행진하는 곳도 많다. 정부와 언론에서 흘러나오는 정책과 정보는 참고만 해야 한다. 무조건 위험하다고 하지 말라고 한다고 해서 투자를 멈추고 가만히 있으면 안 된다.

필요한 부분은 습득하고 부동산 흐름을 파악하는 것이 중요하다. 지금 부동산 시장이 어려워 투자를 하면 안 된다고 각종 언론에서 보도가 나가면 많은 사람들은 위기의식을 느끼며 움츠리고 부동산 시장이 좋아질 때까지 기다린다.

전국의 부동산이 다 동시에 가격이 떨어질까? 지금도 오르는 곳은 계속 오르고 집 없는 서민들은 규제를 더 해야 한다고 한다. 집값이 많이 떨어지면 집을 살 거라고 기다리는 사람들도 많다. 과연 이런 사람들은 집값이 떨어지면 살 수 있을까? 절대 못 살 거라고 생각한다. 이런 사람들은 집값이 떨어져도 조금 있으면 더 떨어질 거라며 마냥 기다린다. 막상 사려고 해도 더 떨어질까봐 사지도 못한다. 또 다주택자들이 망하기를 바라면서 비난의 화살을 돌린다. 이런 생각을 접어두고 돈 벌고 싶다는 생각을 해야 한다.

젊은 사람들이 부동산 투자에 많이 뛰어들고 있다. 예전에는 주로 투자하는 연령대가 50~60대였는데, 요즘은 20~30대가 많다. 부동산 투자 연령대가 점점 낮아지고 있는 추세다. 많은 젊은 사람들이 부동산 투자를 하지 않으면 부자가 될 수 없다는 생각을 갖고 있다.

얼마 전에 30대 지인이 부동산 투자를 하고 싶다고 연락을 해왔다. 나는 경매 투자를 해보는 게 좋겠다고 했다. 그리고 바로 낙찰 받을 수 있는 정보와 조언을 주었다. 지인은 인천 소재 전용 18평 빌라를 낙찰 받았다. 감정가 1억 6천9백만 원, 시세 1억 5천5백만 원~1억 6천만 원에 낙찰가 1억 1천만 원이었다. 초기 투자금은 2천만 원~3천만 원이 들어갔다. 하지만 보증금 2천만 원을 회수하면 들어가는 실 투자금은 세금 포함 1천만 원 미만이다. 낙찰 받은 빌라는 매매 시세차익이 5천만 원으로 성공적인 투자를 한 것이다. 지인은 너무 행복해했다. 어려운 부동산 시장에도 기회는 있기 마련이다. 위기 속에 기회를 찾는 것이 부자가 되기 위한 첫걸음이다.

부동산 시장이 불황일 때 경매를 이용해 싼 값에 알짜 물건을 낙찰 받을 수 있는 기회를 잡는 것도 좋은 방법이다. 하지만 가격이 싸다고 무턱대고 매입하기보다는 입찰 전에 입지 및 권리분석, 현재 시세 등을 꼼꼼하게 확인하는 것이 중요하다. 그러면 실패 없는 투자를 할 수 있다.

돈을 벌고 싶다는 생각을 가지고 물건을 볼 줄 아는 안목을 키워야 한다. 지인은 부동산 투자를 하고 싶다는 생각만 한 것이 아니라 자신에게 도움을 줄 수 있는 사람을 정확히 찾아 조언을 받았기 때문에 좋은 기회를 잡을 수 있었다. 부동산 시장이 불황이라고 아무것도 안 하고 가만히 있으면 부자가 될 수 없다. 스스로 부자가 될 기회를 만들어야 한다. 공부를 하고 방법을 찾아보고 알아보고 부동산에 관심을 가져야 한다.

지금도 자신이 가진 재산을 지키기 위해 은행에 돈을 묶어두거나 전세 자금을 깔고 앉아 돈을 지키고 있다고 생각하는 사람들이 많다. 돈을 모으지 못하는 사람들의 공통적인 재테크 방법은 은행, 보험 상품에 집중하는 것이다.

많은 사람들이 적금을 들고 저축을 하지만 형편은 나아지지 않는다. 왜 그럴까?

사람들은 적금으로 돈을 모으고 있지만 돈을 버는 방법을 모르고 있거나 알지만 돈을 잃을까봐 시도조차 하지 않는다. 그저 다람쥐 쳇바퀴 같은 삶을 살고 있다. 보통 직장인들이 대출 없이 내 집 마련을 하려면 30년 이상이 걸린다고 한다. 부모님 도움 없이는 불가능하다. 부자로 태어나지 못했다면 부자로 만들어지는 방법을 공부하고 배워야 한다. 투자로 인한 위험보다 투자를 하지 않아서 생기게 되는 위험이 더 크다. 나의 미래는 자식도 형제도 책임져주지 않는다. 부동산은 나를 지키는 가장 큰 힘이다.

### 절박함을 가지고 꾸준한 투자를 해야 한다

나는 종잣돈이 모이는 즉시 적은 돈을 가지고 아파트에 투자를 했다. 부동산 책을 읽고 어느 정도 부동산에 대해 분별력이 생기면 직접 투자

스스로 부자가 될 기회를 미리 만들어놔야 한다.

를 하는 것이 많은 도움이 된다. 부동산 투자로 아파트 한 채 사면서 어떻게 싸게 사야 할지 어디에 투자를 해야 하는지 임대는 잘 나갈 지역인지 등 알아보는 과정으로 나는 부동산을 보는 안목을 키우게 되었고 자신감이 생기면서 투자를 더 적극적으로 할 수 있었다. 부동산 책에서 간접 체험을 했던 것을 현장 답사로 직접 경험하면서 투자를 더 쉽게 할 수 있게 되었다.

부동산 투자는 부동산이라는 비싼 물건의 소유권을 주고 받다 보니 두려움과 불안감으로 망설이게 되는 경우가 많다. 그렇기 때문에 자신에게 멋진 기회가 와도 덥석 잡지 못한다. 스스로 부자가 될 기회를 미리 만들어놔야 한다. 지금 힘들고 고통스러워도 헤쳐나갈 길을 만들어놓지 않으면 죽을 때까지 세상을 원망하면서 불행하게 살게 될지도 모른다. 돈 벌기회가 왔음에도 알아보지 못하고 망설이다 놓쳐버리고 후회한들 아무 소용없다.

몇 년이 지나 주위에서 돈을 벌었다는 소식을 듣고 후회해봤자 속만 쓰리다.

"그때 투자를 했어야 했는데!"

이러한 실수를 많은 사람들이 반복하고 있다. 남의 말에 휘둘리지 않고 스스로 결정을 내릴 수 있도록 공부를 해야 한다. 나는 1주일 중 3일은 대구, 나머지는 서울에서 지냈다. 부동산 전문가를 만나고 소통을 하면서 부족한 부분을 배우며 투자를 병행했다. 이 과정을 통해 부동산 부자로 빠르게 가는 길을 찾았다. 부동산 투자는 절박함과 꾸준함으로 시간에 투자를 하면 충분히 부자의 길로 들어설 수 있다.

가난의 고리를 끊겠다는 일념으로 부동산 투자를 했기에 지금의 내가 존재한다고 생각한다. 스스로 부자가 될 기회를 만들지 않으면 당신의 미래의 삶은 밝지 않을 것이다.


투자금을 만들고 공부를 해서 기회를 잡아야 한다. 남을 원망하는 삶을 살지 말고 돈을 벌어야 한다. 악착같이 이 돈을 모으고 공부를 하는 게 중요하다. 부자로 살고 싶으면 부자와 어울려야 한다. 부동산 부자가 되고 싶다면 부동산 전문가를 만나고 부자들과 소통을 해야 한다. 부자들의 사고, 행동, 습관을 배워서 따라해야 한다.

부동산 부자들은 부자의 꿈을 이루기 위해 집요하게 실천해온 사람들이다. 스스로 전문가가 되어야 한다. 다른 사람이 말하는 정보로는 성공하기 힘들다. 이런 방식은 쉽게 휘둘릴 수 있다.


"스스로 시장조사와 정확한 분석을 통해서 공부하고 이끌어주는 멘토와 함께 가야 된다."

지금 미국의 대통령인 도널드 트럼프의 명언이다. 사람들은 모르는 부동산을 거들떠보지 않는 경향이 있다. 하지만 골고루 보라고 권하고 싶다. 전문가의 의견에 따라서 좋은 물건을 가질 수 있는 경우도 많다. 본인의 판단보다 멘토와 함께 가면서 멀리 보는 힘을 길러야 한다.

어떤 사람은 평생 전세값이 오르는 것만 쫓아다니다 소유권 한 번 가지지 못하고 갑이 아닌 을로 살아간다. 돈이 없는 사람일수록 부동산에 관심을 갖고 공부를 해서 안목을 키우고 부동산을 보는 마인드를 키워야 한다. 대부분 사람들은 1년 후에 놓친 기회를 아쉬워하며 후회를 할 것이다. 현재는 부동산 시장 불황으로 실수요자와 투자자가 모두 불안한 상황이다. 하지만 부동산은 늘 그래왔듯이 불안한 시장 속에도 틈새가 존재하기 마련이다. 현재의 상황에 맞게 종목에 투자를 하는 것이지 투자를 멈추는 것은 아니다. 자신의 상황에 맞게 판단하고 부동산 투자를 해야 한다.

인생은 누가 대신 살아주지 않는다. 나에게 일어나는 일은 스스로 판단하고 결정해야 한다. 우리의 인생은 끊임없는 선택과 결정의 연속이다. 선택과 결정은 자신이 책임을 져야 한다. 부자가 될 기회와, 가난한 삶 중 하나를 선택할 수 있는 결정권은 자신에게 있다. 하지만 어떤 것을 선택하고 결정하느냐에 따라 자신의 미래가 달라질 것이다.

## 기적의 부동산 재테크 노트

**어떤 위기 속에도 기회는 항상 존재한다**


지금은 부동산이 규제 정책으로 조이고 있지만 서울의 아파트값은 규제의 영향을 거의 받지 않는다. 오히려 지방이 침체기에 빠져 힘들어한다. 기본적으로 투자자들은 서울 아파트는 가장 안전한 자산이자 최대 수익을 얻을 수 있는 투자수단으로 인식한다. 하지만 돈이 없는 서민들은 서울 아파트에 투자하기 힘들다.


그래서 틈새시장을 노려야 한다. 불황일 때일수록 경매시장이 뜨겁다. 남들이 눈치를 보고 쉬고 있을 때 기회를 잘 잡아야 한다. 시세보다 싼 가격으로 낙찰을 받기 때문에 돈이 없는 사람이 돈을 벌기에 가장 좋은 시장이다.

# 06 부동산에 미쳐야 부자가 된다

돈은 20명의 웅변가의 구실을 한다.
– 윌리엄 셰익스피어

**직접 실전 투자를 해봐야 한다**

'무슨 일이든지 제대로 미쳐야 성공한다.'

한 가지에 몰입과 집중을 해야 그만큼 성과를 올리고 결과를 크게 낼
수 있다. 우리가 머리로는 다 아는 말이다. 실천을 하기가 힘들 뿐이다.
단순한 것 같지만 많은 사람들은 금세 포기한다. 꾸준하게 계속 같은 일
을 한다는 것은 많은 인내심과 노력이 필요하다. 그 바탕에는 무엇보다
자신에 대한 믿음이 있어야 한다. 부자가 되고 싶다면 나는 반드시 부자

가 된다는 믿음을 가져야 확신이 생긴다. 그런 생각이 행동으로 실천을 하게 된다.

 가난하게 살고 싶은 사람은 없을 것이다. 돈이 다 좋다는 것은 누구나 다 안다. 알지만 내가 좋아한다고 마음껏 가질 수 없다. 나의 주머니로 들어오게 하려면 정당하게 벌어야 한다. 나는 내가 버는 돈은 너무 적어 만족할 수가 없었다. 쪼들린 생활은 일상이 되었고 얼마 안 되는 돈을 벌기 위해 가족보다 회사 동료들과 더 많은 시간을 보내는 삶은 나를 더 비참하고 힘들게 했다. 아침이면 회사 가는 길이 감옥으로 끌려가는 느낌이었다. 사회 초년생일 때는 돈을 벌어서 쓴다는 게 좋을 때도 있었다. 하지만 세월이 흘러도 언제 끝날지 모르는 월급쟁이의 삶은 나를 답답하게 만들었다. 돈을 벌어도 살림살이가 크게 나아지지 않았다. 늘 돈에 쫓기는 삶은 가난한 길로 스스로 걸어가는 기분이 들게 했다. 한 살 한 살 나이가 들수록 아이가 자랄수록 두려움이 더 크게 밀려왔다.

 나는 부자가 되는 길을 선택해야 했다. 예전과 다른 길을 찾아야 했다. 나의 가슴을 뛰게 하고 새로운 세상에 눈을 뜨게 해준 부동산과의 만남은 부동산 책에서 시작되었다. 서점에 달려가서 부동산 관련 서적을 닥치는 대로 사서 밤이 새도록 읽었다. 어린 시절에 읽던 귀신이 나오는 전설이야기 책보다 더 재미있었다. 돈에 대한 이야기라 그런지 술술 읽혔다. 또 다른 신세계를 만난 기분이었다.

책을 읽고 있는 순간에 나는 이미 부자가 되어 있었다. 너무 행복했다. 부자가 될 수 있다는 확신이 강렬하게 내 마음속 깊이 파고들었다. 그만큼 나에게 절실하게 다가왔다. 밥을 안 먹어도 배가 고프지 않을 정도로 책에 깊숙이 빠져들었다.

실전 투자를 해보고 싶어 몸이 근질근질했다. 부동산에 미치기 시작하니 세상의 모든 것에서 부동산과 관계있는 것들만 눈에 들어오기 시작했다. 생전 가보지 않은 모델하우스에도 가보고 임장이라는 것도 해보면서 투자 공부를 본격적으로 했다. 부동산 투자로 아파트를 매매하고 세를 놓으면서 부동산 정보와 수요와 공급에 의해 부동산 시장이 움직인다는 것을 알게 되었다. 수요와 공급을 제대로 파악하지 못하고 투자를 하면 손해를 볼 수 있기 때문에 기본적으로 공부는 필수다. 지식만으로는 이해가 되지 않는다. 직접 사고 팔아봐야 제대로 된 투자를 할 수 있다. 실전 투자로 스스로 아파트를 매매하고 세입자를 상대하면서 자신감도 붙게 되었다.

나는 아파트를 점차 늘려가면서 수익을 얻어 다른 부동산 투자에 눈을 돌렸다. 인터넷 강의와 신문과 책을 보면서 나의 부족한 부분을 채우기 위해 열심히 노력했다. 그렇지만 나의 부동산에 대한 목마름을 완전히 채울 수는 없었다. 그래서 직접 부동산 고수인 전문가를 찾아가 자주 만남을 가지고 조언과 정보를 얻었다. 오프라인 전문가의 강의를 듣고 내가 모르는 부동산에 대해 더 많이 배우는 과정은 즐겁고 행복했다. 부동산 투자에 도움이 되는 강의는 무조건 달려가 듣고 지식을 나의 것을 만들기 위해 노력했다. 투자에 대해 하나씩 알아갈 때마다 부동산에 대한 나의 마음은 무한한 신뢰로 이어졌다.

열심히 공부를 하고 투자를 하면서 전문가를 만나는 일은 나의 일과가 되었다. 주위에서는 부동산에 완전히 미쳤다고 한다. 나는 그런 말들이 기분이 나쁘지 않았다. 오히려 더 행복했다. 제대로 미쳐야 부자가 된다는 것을 알고 있기 때문이다. 내 자신이 이토록 즐겁고 행복한 일을 하면서 돈을 벌고 살아갈 수 있다는 것에 하나님께 감사드린다. 나는 그 어느 누구보다 찬란한 길을 걷고 있다고 믿어 의심치 않는다.

**다양한 투자에 빠져 보라**
'어떻게 하면 부동산 부자가 될 것인가?'

언제나 나는 이런 생각에 온통 빠져 있었다. 이런 생각은 내 몸속 세포들 하나하나에 자극을 주기 시작했다. 운전을 할 때도 여행을 할 때도 내 눈에 보이는 것들은 부동산 밖에 없었다.


'저 아파트는 어떨까?'

'저 오피스텔 수익률이 괜찮을까?'

'저기에 땅 사놓으면 많이 오르겠다!'


여러가지 부동산이 나의 투자 대상으로 보이기 시작하면서 나는 완전히 부동산에 미쳤다. 영화 관람보다 모델하우스 구경과 임장 다니는 것이 더 즐겁고 재미있었다. 돈도 벌고 신바람이 나서 행복하게 일을 할 수 있는 도구가 부동산이다. 유일하게 나를 부자로 만들어줄 수 있었던 최고의 무기다.


전문가의 조언을 받아 땅을 사기 위해 넓은 경기도 평택지구로 임장을 했다. 곳곳에 개발이 진행되고 있었다. 삼성반도체, 삼성전자뿐만 아니라 LG전자 등 초일류 기업들이 선택한 평택은 전국적으로 사통팔달한 교통망을 지녔다. 이를 바탕으로 평택항과 미군기지가 이전해 평택은 수도권 신흥 거대 도시로 부상할 것으로 보여졌다. 과거 평택시에 투자붐이 일었던 삼성 주변의 입지 좋은 토지는 평당 600~800만 원 정도로 가격이 많이 올랐다. 향후 배후 주거 용지의 부족으로 평택지역 내 토지 가치는 지속적으로 상승할 것이다.

돈도 벌고 신바람이 나서 행복하게 일을 할 수 있는 도구가 부동산이다.
유일하게 나를 부자로 만들어줄 수 있었던 최고의 무기다.

평택은 대형매물 위주로 거래가 되다 보니 개인 투자자들이 접근하기에는 쉽지 않은 상황이다. 나는 투자를 하고 싶어 새로운 방법을 생각했다. 바로 공동투자로 접근하기로 결정을 내린 것이다.

몇 명이 모여 공동투자로 향후 가치가 있는 평당 150만 원인 땅 400평에 공동투자를 했다. 각자 등기로 안전하게 매매를 했다. 건물 있는 부동산에만 투자를 하다가 토지에 투자를 하니 기분이 묘했다. 공동투자를 하고 한 달쯤 지나자 내가 투자한 토지가 도시개발계획에 포함되어서 지분자의 동의가 필요하다는 연락을 받았다. 통지를 받은 나는 기분이 날아갈 것 같았다. 내가 투자한 땅은 가치 상승으로 가격이 계속 올라가고 있다.

나는 부동산 투자의 폭을 넓혀갔다. 경기도 동탄에 있는 오피스 1채를 계약했다. 중도금 무이자에 취득세 50% 면제, 재산세, 소득세 감면, 부가세 환급, 1년 동안의 입주 지원금 혜택을 받는 조건으로 서류를 작성했다. 부동산 투자는 알면 알수록 손에 땀을 쥐게 하고 가슴이 뛴다. 다양하게 투자를 할 수 있는 부동산의 매력에 빠지게 된다. 헤어나올 수가 없다.

투자금이 적든 많든 본인이 조절을 할 수 있기 때문에 무리하지 않고 투자를 선택할 수 있는 부동산은 최고의 재테크다.


"엄마, 등기 서류 이거 뭐에요?"

"아, 이거 평택에 오피스 계약한 서류야!"

"와, 엄마는 경기도 평택에도 집이 있어! 멋지다, 최고야! 우리 부자네."


오피스가 사무실인지 집인지는 중요하지 않다. 딸아이 말속에 행복이 묻어나와 엄마로서 뿌듯하고 우쭐해진다. 아무렇지 않게 부동산 매매에 대해 즐겁게 이야기를 할 수 있게 된 지금이 너무 좋다. 나는 지긋지긋한 가난에서 벗어나기 위해 정말 열심히 부동산 투자에 집중했다.


쪼들린 삶을 살아본 사람들은 돈의 위력이 얼마나 큰지 알 것이다. 당장 나에게 한 푼도 없다면 세상을 살아가기는 정말 힘들 것이다. 이게 바로 자본주의를 살아가는 우리의 현실이다. 노숙생활로 연명하며 죽을 때까지 비참하게 살다가 인생을 마감할 수도 있다. 어떻게 해서든지 돈을 많이 벌어야 한다. 이 모든 것을 해결해줄 수 있는 부동산에 미쳐야 부자가 된다.

부동산에 미치게 되면서 나의 삶은 많이 달라졌다. 직장생활로 가질 수 없는 아파트, 오피스텔, 땅, 오피스를 여럿 소유하게 되었고 생활환경은 예전의 기억을 잊게 만들 만큼 풍요로운 삶을 살고 있다.

　돈은 많을수록 좋다. 돈은 건강한 삶을 살아가도록 지켜주며 행복은 더 크게 고통은 더 작게 우리의 삶을 윤택하고 풍요롭게 만들어준다. 부동산에 집중하면서 행복한 부자 아빠, 부자 엄마로 하루하루가 무지갯빛 인생이다.

　이 책을 읽는 당신도 명심하라. 부동산에 미쳐야 부자가 된다.

## 기적의 부동산 재테크 노트

**동기부여를 해줄 수 있는 책으로 부동산 공부를 시작하라!**

초보자는 부동산 책을 접할 때 가장 기본인 것부터 읽는 것이 좋다. 예를 들면 동기 부여를 해줄 수 있는 경험과 사례 위주로 읽다 보면 용기가 생겨 한번 해보고 싶다는 생각이 든다.

나 역시도 그렇게 부동산 투자를 시작했다. 처음부터 의욕이 앞서 너무 어렵거나 복잡한 것을 읽게 되면 흥미는커녕 두려움만 생겨서 포기하게 된다. 가장 중요한 것은 '나도 할 수 있겠다.'라는 자신감을 가질 수 있는 책을 읽는 것이다. 그리고 차츰 단계를 높여가면 된다.

여기서 책만 읽고 행동을 하지 않으면 안 된다. 바로 실전 투자를 해야 한다는 것을 명심하자!

# 부동산 왕초보 엄마의
# 좌충우돌 실전 투자

# Miracle Investment

# 01 부동산 투자, 내 집 마련부터 하라

복리는 이 세상의 여덟 번째 불가사의이다.
— 아인슈타인

## 전세로 살지 마라

부동산 투자의 첫걸음은 내 집 마련이다. 투자라고 하면 거창하게 들릴 수 있지만 많은 사람들이 내 집을 사게 되면 집값이 오르기를 바란다. 그건 사람들의 당연한 심리이다. 집이 없는 사람들은 집값이 오르지 않길 바란다. 때론 '폭락이나 해라!'라며 부정적인 말만 쏟아낸다. 언제까지 집값이 떨어지기만 바라고 집주인에게 돈을 갖다 바칠 것인가? 집은 우리가 살아가면서 꼭 필요한 의식주의 한 부분이다. 집 문제가 해결되면 삶이 한결 편안해진다.

아직도 많은 사람들이 전세로 떠돌아다니면서 살아간다. 집값의 70~80%에 달하는 전세를 이용해 마음만 먹으면 내 집 마련을 할 수 있는데도 집을 사길 꺼리는 사람들이 주변에 많다. 세금이 부담스럽고 혹시나 집값이 떨어질까 두려워 집을 사지 못하는 것이다. 어떤 사람은 집값이 더 떨어지면 산다고 기다리기도 한다. 참 답답하다. 도대체 집값이 얼마만큼 더 떨어져야 살지 알 수가 없다. 그런 사람들은 집값 폭락이 와도 겁이 나서 사지 못할 것이 뻔하다. 영원히 집을 갖지 못하게 될 것이다. 2년마다 이삿짐을 쌀 뿐이다. 내 집 마련을 하면 피곤한 생각과 불편한 고생을 하지 않아도 될 텐데 안타깝다. 내 집 마련이 자산 가치를 증대한다는 사실을 빨리 알아야 한다.

전세를 살고 있다면 맞벌이로 힘들게 모은 돈을 고스란히 전세금 올려주는데 쓰게 된다. 전세는 집주인에게 유리한 제도다. 무이자로 세입자의 돈을 마음대로 쓰고 나중에는 이자 한 푼 없이 돌려준다. 세입자는 전세금을 지키기 위해 노력한다. 하지만 돈이 줄어 들고있다는 인식이 필요하다. 인플레이션으로 돈의 가치가 떨어지고 물가는 오르고 있다. 전세금을 집에 깔고 있어도 집주인의 집값이 올랐다고 해서 집값의 수익의 일부를 세입자에게 주지 않는다. 집주인은 세입자의 돈으로 자산을 늘려가지만 세입자는 2년이 지나도 한 푼의 이자도 받지 못하고 원금만 돌려받는다. 세월이 흐를수록 돈의 가치는 점점 하락한다.

전세를 살면 돈 벌 기회를 놓쳐버린다.
내 집 마련이 자산 가치를 증대한다는 사실을 빨리 알아야 한다.

전세를 살면 돈 벌 기회를 놓쳐버린다. 집 주인의 투자금을 마련해주는 어리석은 행동은 더 이상 하지 말아야 한다.

대구 북구에 월세를 준 아파트에 만기가 다가와 세입자에게 연락을 했다. 재계약을 원하면 보증금 3천만 원에 월세 50만 원 혹은 전세 1억 7천만 원 중에 하나를 선택하면 된다고 했다. 세입자는 혼자 사시는 분인데 좀 무리인 것 같다며 이사를 가겠다고 했다. 나는 인터넷으로 전세와 월세 거래 현황을 확인했다. 전세 실거래가가 4월 달까지 1억 5천만 원~1억 6천만 원으로 거래가 이루어지고 있었다. 매매물건은 많이 올라와 있었지만 전세 매물과 월세 매물은 1천 세대가 넘는 대단지 아파트인데도 2~3건밖에 되지 않았다. 전세와 월세 매물이 절대적으로 부족한 상황이었다. 나는 이때다 싶어 부동산에 1억 7천만 원에 전세를 놓아달라고 했다. 처음에는 약간 의아해하더니 금세 그렇게 하겠다고 했다.

"소장님, 요즘 매매 거래가 잘 안되죠?"
"네, 정부 규제로 힘들어요, 집이 안 나가요! 급매 위주로 간간히 팔려요, 먹고살기 힘들어요."
"요즘 전세나 월세는 어때요?"
"매매물건은 많이 나오는데 전세, 월세 물건은 귀해요."

나는 1억 7천만 원에 전세를 놓아도 괜찮겠다고 판단했다. 부동산 소장님도 이런 저런 이야기를 나누다가 "세가 귀해서 그 가격으로 해볼게요."라고 말했다. 정부가 하루가 멀다 하고 규제 정책을 쏟아내니 대출규제로 매수자들의 심리가 얼어붙었다. 실수요자측도 부동산 시장을 관망하면서 집을 사지 않고 전세나 월세로 주저앉고 있다. 매매가와 전세가가 얼마 차이 나지 않아도 구매 결정을 하지 않는다.

부동산에 전세를 내놓은지 3일쯤 되자 집을 보고 마음에 든다며 전세 계약을 하고 싶다는 연락이 왔다. 세입자는 당장 계약서를 쓰기를 원했다. 나는 저녁을 준비하다 말고 도장, 신분증을 챙겨서 부동산으로 갔다. 응접실에 내 또래로 보이는 부부가 앉아 있었다. 젊은 부부는 집을 보고 괜찮아서 바로 계약을 하고 싶다고 했다. 그리고 바로 1천만 원을 계약금으로 입금시켰다. 세입자와 부동산 소장님이 잠깐 대화를 나누는 걸 들었다.

"여기 아파트 매매 가격은 어떻게 되죠?"
"1억 9천5백만 원~2억 5백만 원 선에서 거래가 되고 있어요."
"전세가하고 얼마 차이가 나지 않네요."

이런 대화를 듣고 있던 나는 속으로 웃음만 나올 뿐이다. 나는 지금 전세를 놓아야 하는 투자자이기 때문에 집을 사라고 권할 입장이 아니지만 만약에 지인이면 전세로 들어가지 말고 집을 꼭 사라고 권할 것이다. 어쩔 수 없는 직장 전근 문제로 잠시 머물다 이전해야 하는 상황이면 어쩔 수 없지만, 내 집 마련이 곧 재산을 지키는 것과 같다.

**지나친 의심병은 내 집 마련의 기회를 놓치게 한다**

수익 상승분 보증금은 또 다른 투자로 이어진다. 집값이 하락하고 전세가율이 높은 곳은 매력적인 투자처다. 매매가 잘 이루어지지 않고 물량이 많을 때는 알짜배기 급매물이 나온다. 나는 그런 곳을 찾아 투자를 한다. 나처럼 집주인은 세입자의 보증금으로 돈을 굴리고 투자를 해서 수익을 낸다. 반면 세입자는 계약과 동시에 악착같이 모은 돈을 2년을 묵혀둔다. 그러다 만기가 다가오면 보증금을 올려주고 살든지 아니면 이사비용을 들여 딴 곳으로 이사를 가야 한다.

집주인의 자산은 불어나지만 세입자의 재산은 변동이 없다.

내 집 마련으로 소유권이 생기면 마음가짐이 달라진다. 세상을 보는 눈도 달라지고 마음의 여유가 생겨 삶의 만족도도 높아진다. 많은 사람들이 내 집 마련을 미루지 말고 소유권자로서 행복한 기분을 느껴봤으면 한다.

정부의 부동산 정책 규제로 집값이 전반적으로 많이 떨어졌다. 이럴 때 내 집 마련을 해서 안정적인 생활을 하길 원한다. 부동산 시장은 영원한 상승장도 없고 하락장도 없다. 살아 움직이는 실물자산이기 때문에 경제의 흐름과 정부의 정책 방향에 따라 상황이 바뀐다. 부동산 시장이 어수선하다고 해서 곧 폭락이라며 떠들며 다니는 사람들도 있다. 안타깝다.

현 문재인 정부도 부동산이 천천히 상승하기를 바라지 부동산 급락을 바라지 않는다.

몇 년이 지나고 나면 "그때 샀어야 해! 그때 샀으면 돈 벌었을 텐데."라고 해봐야 아무런 소용이 없다. 이런 어리석은 짓을 반복적으로 하는 사람들이 주위에 많다. 그런 사람들은 의심병이 있기 때문이다. 의심이 많으면 기회를 기회로 보지 못한다. 지금처럼 늘 똑같을 수밖에 없다. 언론과 기사 내용으로 어두운 부동산 상황에만 초점을 맞추지 말아야 한다. 자신의 생각과 주관이 없으면 자신의 판단을 믿지 못하고 휘둘리는 삶을 산다. 이런 반복된 생활이 언제나 갑이 아닌 을로 살아가게 만든다.

남의 말을 믿지 말고 스스로 공부를 해서 돈을 버는 안목을 길러야 한다. 내 집 마련이 부동산 재테크의 첫 걸음이다.

## 기적의 부동산 재테크 노트

**자신의 명의로 된 내 집 마련을 해야 한다**

보증금이 한 푼도 안 올라가는 곳에서 전세로 산다고 해도 손해라고 생각한다. 왜냐하면 이것은 돈을 이자 한 푼 없는 곳에다가 보관하는 꼴이기 때문이다.

자신이 살고 있는 집 주인은 해마다 자산가치가 상승하고 있는데도 불구하고 정작 세입자 본인은 물가 상승으로 인한 화폐가치 하락으로 오히려 보증금을 까먹고 있는 실정이다.

이러한 상황을 빨리 인지하고 2년마다 보증금을 올려주는 대신 자신의 명의로 된 내 집 마련을 하길 바란다.

# 02 종잣돈으로 무조건 부동산을 사라

돈은 퇴비와 같아서 뿌리지 않으면 아무 소용이 없다.
– 프랜시스 베이컨의 『수상록』에서

## 종잣돈과 레버리지를 활용하라

돈을 벌고 있으면서도 '돈이 없다'는 말을 입에 달고 사는 사람들이 많다. 아무리 돈을 열심히 벌어도 부자로 살아갈 수 없고 항상 쪼들리는 삶을 반복하기 때문이다. 매달 꼬박꼬박 월급을 받지만 월급은 대부분의 사람들의 삶을 만족시키지 못한다. 월급은 그저 딱 한 달을 먹고살 만큼밖에 되지 않는 것이다.

돈에 끌려다니는 삶에서 탈출해야 한다. 자신의 습관적 선택이 삶을 한정짓게 만들어 더욱 가난의 족쇄에 묶이게 된다. 현 시점에서 되돌아 봤을 때 발전적인 삶이 아니고 항상 제자리걸음을 하고 있다는 판단이 든다면 냉정하게 현실을 직시해야 한다. 무엇을 해야 미래를 보장받고 행복한 인생을 살 수 있을지 삶의 방향을 반드시 점검해볼 필요가 있다.

종잣돈에서 종자란 씨앗을 말한다. 농부가 농사를 짓기 위해 가장 좋은 씨앗으로 모아두는 것이 종자다. 부동산 투자를 하기 위해 부동산에 대한 안목을 키우고 공부를 열심히 해도 투자할 종잣돈이 없으면 무용지물이다. 부동산 투자를 시작함에 있어서 부동산에 뿌릴 씨앗이 있어야 한다. 종잣돈은 단순히 모아둔 돈이 아니다.

청약 통장이 없으면 우선 청약 통장에 가입을 해야 한다. 투자 가치가 있는 분양단지가 많은 곳에 이사를 해서 주소를 옮겨 지역 우선공급으로 당첨 기회를 높이고 내 집 마련을 하는 것도 종잣돈을 키우는 가장 좋은 방법이다.

열정을 가지고 남보다 발 빠르게 움직여 부동산 시장을 바라볼 수 있는 안목을 키우고 공부를 했다면 종잣돈의 크기는 중요하지 않다. 소액 이라면 적은 돈에 맞게 투자처를 찾아 실전으로 경험을 해보는 것이 중요하다. 최소한의 종잣돈과 안목이 있다면 적은 돈으로도 충분히 종잣돈을 크게 키울 수 있다. 그러기 위해선 제일 먼저 자기 자신을 믿는 훈련이 필요하다. 자신에게 내재되어 있는 자신의 잠재적인 능력을 믿고 의심을 하지 말고 조급함과 욕심을 버리고 차근차근 나아가야 한다.

2년 전에 세를 놓았던 아파트가 만기가 되면서 보증금과 월세를 올려받았다. 수익금 1천만 원을 은행에 넣어두지 않고 1천만 원의 종자돈으로 재투자를 한다. 은행에 넣어놓아도 이자가 거의 없기 때문에 부동산에 투자를 하는 것이 나의 재산을 늘려 주는 방법이다. 1천만 원이면 오피스 정도는 충분히 살 수 있다. 주변 환경과 교통이 좋은 투자가치가 높은 곳에 투자를 하면 잔금은 대출로 해결하고 이자를 내고도 30만 원정도의 수익이 창출된다. 이런 곳은 정부가 지원을 해주기 때문에 대출 신경을 쓰지 않아도 된다.

정보가 곧 돈인 셈이다.

종잣돈으로는 무조건 부동산을 사야 한다. 나는 요즘 돈이 몇 백만 원만 모여도 아파트를 사기 위해 여러 부동산을 다닌다. 급매물 위주로 찾기 때문에 발품을 많이 팔아야 한다. 집에서 전화기만 돌리고 있으면 좋은 물건들을 만날 수 없기 때문에 부동산에 가서 정보를 얻고 매수하고자 하는 시장 흐름도 파악해야 성공적인 투자를 할 수 있다. 투자금이 최소한으로 들어가는 물건을 잡아서 투자를 해야 손해를 보지 않는다. 요즘 같이 매매거래가 잘 이루어지지 않아 매매가격이 하락해도 시세보다 많이 싼 급매물을 골라 샀기 때문에 리스크에도 부담이 없다.

'급매물'이 나왔을 때 돈이 급하다든지 다주택자들이 빨리 현금을 보유해야 한다는 이유나 세금 때문에 시세보다 10~15% 정도 싸게 내놓은 물건 같은 경우에는 잘 살펴보고 투자를 해도 좋다.

대부분 사람들은 부동산 투자는 돈이 많아야 할 수 있다고 생각을 한다. 많이 가진 자들만 부동산에 투자를 한다고 여기고 아예 접근을 하지 않는 사람들이 많다. 제대로 알지 못하기 때문에 부동산 투자를 해볼 생각조차 하지 않는다. 나도 부동산에 대해 몰랐을 때는 나와는 전혀 상관이 없는 세상이라고 생각했다. 하지만 지금은 후회가 된다. 조금만 더 신경 써서 부동산에 대해 일찍 눈을 떴더라면 힘들고 고통스러운 생활에서 훨씬 빨리 탈출할 수 있을지 않았을까 생각한다.

### 남들이 가만히 있을 때 움직이는 결단력을 가져라

부동산 매물을 검색하다보니 대구 서변동에 유독 싸게 나온 매물이 있었다. 23평 소형 평수라 마음에 들었다. 나는 궁금해서 미칠 지경이었다. 그래서 바로 부동산에 전화를 했다. 부동산에서는 물건을 보여 주겠다고 바로 약속을 잡자고 했다. 오후 3시경에 아파트 앞에서 만나서 아파트 내부를 보기 위해 11층에 올라갔다. 중개인이 비밀번호를 눌렀는데 번호가 맞지 않았다. 몇 번을 시도했지만 열리지 않아 집주인 아내에게 연락을 했다. 남편이 출근을 하면서 비밀번호를 바꾼 것 같다고 했다. 부인이 직장에서 연락을 해도 받지 않았다. 결국 집을 보지 못하고 돌아서야 했다. 나는 물건이 탐이 나서 중개인에게 집주인과 연락이 닿으면 다시 연락을 달라고 했다.

그 집은 시세가 1억 9천만 원 정도 하는데 부부 이혼문제로 급매로 1억 6천3백만 원에 나온 물건이었다. 시세보다 많이 싸게 나왔지만 보통 사람들은 집값이 더 떨어진다고 불안해하면서 보물을 눈앞에 두고도 알아보지 못했다. 다음날 부동산에서 연락이 와서 다시 집을 보여주겠다고 했다. 내부를 둘러보니 간단한 콘센트하고 벽지 실리콘 정도만 해결하면 집은 꽤 괜찮다는 생각이 들었다. 마음을 차분히 가라앉히며 계약을 하겠다고 말했다. 그렇게 해서 계약을 하고 전세로 돌렸다. 마음속으로는 쾌재를 불렀다.

이 물건은 종잣돈이 거의 들어가지 않는 물건이다. 전세 시세가 1억 6천5백만 원까지 받을 수가 있어서 1억 6천3백만 원에 사게 되면 실투자금이 거의 들어가지 않는다. 오히려 200만 원이 남는다. 이 돈에서 100만 원 정도만 보태면 등기비용과 중개인 수수료가 해결되고 부동산 소유권자가 되는 것이다. 시세보다 싸게 살 수 있기 때문에 시세 차익까지 볼 수 있는 구조다. 이런 보물을 찾아서 투자를 해야 한다. 알짜배기 물건이 많이 없지만 요즘 같이 매매 거래가 잘 되지 않는 시기에는 여러 부동산에 발품을 팔다 보면 귀한 보물을 만나게 된다.

## 급매물이라도 대형 평형은 피하라

단, 조심해야 할 사항이 있다. 급매물을 살 때에는 대형 평형은 피해야 한다는 점이다. 대형 평형은 인기가 없고 수요가 많지 않기 때문이다. 환금성이 뛰어나지 않기 때문에 돈 회전이 필요할 때 손해를 보고 팔아야 할 경우가 생긴다. 급매로 나오더라도 피하는 게 좋다. 그리고 수요가 낮은 매물을 급매물로 내놓거나 하자가 있는 물건과 법적인 문제가 있는 물건을 급매물로 내놓는 경우가 있기 때문에 주위를 기울여야 한다.

급매물은 시세차익으로도 충분히 남는 투자다. 종잣돈이 생기면 무조건 부동산을 사야 한다. 돈만 많이 모은다고 좋은 물건을 살 수 있는 것이 아니다. 적은 돈이라도 부동산에 투자를 해서 자신의 소유권을 가져야 한다. 투자자는 자신의 실투자금을 최소한으로 해서 최대의 수익률을 만들어 낸다. 종잣돈으로 실전 투자를 해봐야 한다. 그런 과정으로 부동산 보는 안목을 키우게 되고 더 빠르게 부자의 길로 가게 된다.

물건 보는 안목을 키우게 되면 망설일 필요가 없다. 빠르게 물건을 선

매매 거래가 잘 되지 않는 시기에는
여러 부동산에 발품을 팔다 보면 귀한 보물을 만나게 된다.

점해야 한다. 하지만 많은 사람들은 자신의 생각을 믿지 못한다. 그렇기 때문에 공부가 필요하다. 어떤 물건이 좋은 물건인지 선택하고 판단할 수 있는 능력을 길러야 한다. 최소한의 종잣돈이 있다면 주저하지 말고 부동산을 사야 한다. 돈이 적다고 기죽을 필요가 없다. 종잣돈으로 안전하게 투자를 해서 부동산을 늘려가면 된다. 큰 돈을 투자한다고 해서 금방 부자가 되지 않는다. 시간과 노력을 투자하면 작은 종잣돈으로도 충분하다. 소액을 굴려도 시간이 흐르면 스노우볼이 된다.

종잣돈으로 직접 부동산을 사보는 경험이 매우 중요하다. 투자에 있어서 한 단계 한 단계 밟아가는 과정이 투자에 있어서 많은 도움이 된다. 현장을 다니며 부동산 보는 안목을 키우고 정보를 얻어내고 사람들을 만나 상황에 대처하는 일들을 직접 부딪혀 배워야 한다. 그런 과정이 쌓여서 성취감이 높아지고 자신감과 열정은 부동산 투자를 하는 데 원동력이 된다.

## 기적의 부동산 재테크 노트

**남의 돈을 이용할 수 있어야 부자가 된다**

'레버리지'란 타인 자본을 지렛대로 삼아 자기 자본 수익률을 높이는 것을 말한다. 은행의 대출과 전세금 등이 있다.

소액으로 투자를 해서 돈을 벌고 싶다면, 레버리지를 잘 이용할 줄 알아야 한다. 이것이 바로 부자로 가는 지름길이다. 전세금에는 이자가 없다. 무이자로 세입자의 돈을 빌려 레버리지를 얻을 수 있다. 종잣돈을 만들어서 레버리지와 함께 활용하면 자산을 빠르게 늘릴 수 있다.

# 03 단순하게 수익형 부동산에 투자하라

부란 인생을 충분히 경험할 수 있는 능력이다.
– 헨리 데이비드 소로(미국의 사상가, 작가)

## 처음부터 이기고 시작하는 부동산 투자를 하라

당분간 수익형 부동산의 인기가 이어질 것으로 보인다. 월급이나 사업 소득이 끊기게 되는 사람들에게 꼬박꼬박 월세를 받을 수 있다는 것은 축복이다. 세상의 많은 사람들이 은퇴 후 자신이 소유한 부동산에서 매월 꼬박꼬박 나오는 임대료로 편안한 노후 생활을 보내고 싶을 것이다.

은퇴 시기가 빨라져 경제활동은 줄어들게 된다. 실제로 나이가 들면 더 이상 노동력으로 소득을 만들지 못한다. 돈을 벌고 싶어도 수입이 끊기는 노년으로 살아갈 시간이 길어진 셈이다. 앞으로 노후를 보낼 생활비가 절실히 필요하다. 돈이 많다면 축복 받은 인생이지만 돈이 없다면 고통 받는 노후를 보내게 된다. 평균 수명이 늘어났다는 것은 사회적으로나 개인적으로나 축복만이 아니다. 수입이 없다면 오히려 재앙에 가깝다. 이 밖에도 갑작스러운 사고로 경제활동이 끊길 수도 있고 질병으로 인해 수입이 없을 수도 있다. 미리 대비를 해서 금전적 어려움을 겪지 않아야 한다.

요즘 부동산 시장이 혼란스럽다. 문재인 정부의 강력한 부동산 규제로 인해 아파트 가격의 상승세가 꺾이고 거래 절벽이 시작된 가운데, 당분간 시장 위축이 전망된다. 대출 규제, 다주택자 양도세 중과, 금리 인상, 보유세 인상 악재로 주택 매수 심리가 위축될 것으로 보인다. 금리는 조금씩 올라가는 추세이고 매매거래는 잘 이루어지지 않는다. 예전에는 매매 시세 차익으로 수익을 올렸다면 지금은 수익형 부동산에 투자를 하는 것이 좋다. 부동산 시장의 상승과 하락시기가 짧아지면서 매수 타이밍을 잡기가 어렵다. 꾸준히 월세가 나오는 수익형 부동산에 투자해서 월급이 아니더라도 매달 수입이 발생하도록 만들어야 한다.

지인은 경매로 상가를 낙찰을 받아 수리를 하고 임대를 놓아 안정적인 월세 수익을 올리고 있다. 보통 상가는 공실 위험 때문에 꺼리는 사람들이 많다. 하지만 경매 수업을 들으면서 '내가 편견을 가지고 물건에 투자를 하고 있었구나!' 생각을 했다. 돈이 되는 물건을 잘 고르는 것 또한 투자자의 최고의 실력이다. 권리분석, 정확한 시세 확인, 직접 현장답사를 하고 위치와 지역의 상권과 수요의 특성을 잘 파악하고 들어가면 공실 위험 없이 수익을 올릴 수 있다. 똘똘한 상가 건물은 주거시설보다 몇 배이상 많은 수익을 안겨준다. 혼자서 힘들면 전문가의 도움을 받아 실패 없이 원하는 수익형 건물을 소유할 수 있다. 제대로 된 부동산을 알아보는 안목이 더 빠른 부자의 길로 인도한다.

경매로 부동산 투자를 할 때에는 일반 시장에서의 편견을 버려야 한다. 선택의 기준은 단순해야 한다.

"돈 되는 물건인가? 수익이 확실히 나는가?"

시세보다 싸게 낙찰을 받아 손해를 볼 일이 없다. 역세권과 로열층이 아니라 연식이 오래된 빌라도 수요가 꾸준히 일어나고 있고, 수익 창출이 되면 낙찰을 받아야 한다. 월세 수입이 꾸준히 나오는 건물을 여러 채로 늘려 노동으로 일하지 않고 부동산이 돈을 벌어주도록 만들어야 한다.

"돈 되는 물건인가? 수익이 확실히 나는가?"

이것이 가능할까?

이렇게 생각하는 사람들이 있을 것이다. 물론 가능하다. 제대로 된 경매 공부와 조언을 듣고 배우고난 후 바로 낙찰을 받는 지인들이 수두룩하다. 경매시장은 현장실습과 물건 검색 훈련과 동시에 실전 투자로 이루어지기 때문에 성취감이 크다. 낙찰을 직접 받게 되면서 자신감이 생기게 되고 더 열정적인 투자가 이루어진다.

**매매가와 전세가의 차이가 작은 것을 찾아라**

소액으로 투자를 원할 경우 역세권 오피스텔에 투자하는 것도 좋다. 오피스텔 투자는 쉽게 따라할 수 있다. 젊은 수요자가 밀려오고 유동인구가 넘쳐난다. 은행에 돈을 넣어놓아도 이자가 얼마 되지 않는다. 오피스텔은 적은 돈으로 안전하게 투자를 할 수 있어 좋은 투자처다. 요즘은 많은 사람들이 수익형 부동산에 관심을 갖는다.

안정적인 월세 수입을 원하기 때문이다. 하지만 제대로 된 시장 조사도 없이 영업사원의 말만 믿거나 분양 사무소의 말만 믿고 쉽게 계약을 하면 낭패를 본다. 오피스텔 같은 경우는 주변 환경에 따라 원룸 선호 지역과 투룸 선호 지역으로 나뉜다는 것도 고려해야 한다. 역세권 오피스텔 중에서도 주거단지 중심의 지역보다는 업무시설 밀집지역이 유리하다. 요즘은 직주 근접형 주거를 원하는 젊은 층이 많아 오히려 사무실 밀집지역의 주거형 오피스텔의 인기가 더 높다.

　지방의 오피스텔은 투자의 대상이 되지 않는다. 지방의 오피스텔은 매매가가 거의 오르지 않고 임대 수익도 크지 않다. 지역 특성상 수요가 그만큼 떨어진다. 직장에서 조금 떨어진 위치라도 아파트를 추구하는 특성이 있다. 잘못 투자를 하면 낭패를 보게 된다. 서울과 수도권에서 매매가와 전세가의 차이가 극히 작은 오피스텔을 찾아 투자를 해야 한다. 그리고 분양가가 높거나 비싼 오피스텔 투자는 금물이다. 모든 오피스텔은 상당히 높은 금액으로 분양한다. 입주를 마치면 처음에 분양한 가격이 크게 떨어진다. 처음 분양할 때 산 사람들은 거의 손해를 본다. 그렇기 때문에 분양 초기에 분양을 받지 말아야 한다. 투자금 대비 수익이 크지 않기 때문이다. 투자를 할 때 3~5년 정도 된 오피스텔을 여러 부동산을 통해 둘러보고 현장을 확인하고 비교해서 결정을 해야 한다. 수도권에서 매매가 대비 전세가가 85%를 넘는 보물을 찾아서 투자를 하면 오피스텔이 효자 노릇을 톡톡히 할 것이다.

　위례신도시 오피스텔 분양가가 1억 3천만 원이었다. 10% 계약금인 1천3백만 원으로 계약을 했다. 중도금은 무이자 대출이었기에 내 주머니에서 돈이 나가지 않는다. 그리고 중도금 납부를 할 때마다 부가세 환급을 받으면 잔금을 치르고도 돈을 받는다. 계약시점부터 잔금까지 1천만 원

내외로 오피스텔을 가질 수 있다. 일반적으로 오피스텔은 아파트보다 무이자인 경우가 많다. 그러므로 오피스텔을 분양받고 부가가치세를 환급받을 때 무이자 대출로 낸 중도금에 대해서도 부가가치세가 환급되므로 오피스텔 분양 시 적은 돈으로 투자가 가능하다. 하지만 주의할 점도 있다. 오피스텔에 투자할 경우 차익을 기대하는 수요가 많지만 수익형으로 접근하는 게 바람직하다. 월세 수입을 기대하기 위해서는 입지여건과 주변 개발 호재를 통한 수요를 분석해 접근하는 것이 중요하다.

초역세권 오피스텔 같은 경우는 만기시점이 되면 임대료가 지속적으로 오른다. 역세권 오피스텔은 가격이 잘 떨어지지 않고, 가지고 있으면 물가 상승률에 따라 계속 오른다. 월세를 받고 장기적으로 가지고 있으면 가격도 계속 오르기 때문에 수익형 부동산으로 오피스텔을 늘려가야 한다. 초기 투자비용이 적은 점은 오피스텔의 매력이라고 할 수 있다. 적은 투자금으로 평생 월급받는 수익형 부동산을 가져야 한다.

소액 투자라고 확인도 없이 너무 쉽게 계약을 해선 안 된다. 소액투자도 여러 개가 모이면 많은 수익을 창출하기 때문에 신중하게 선택해야 한다. 너무 조급하게 투자를 하지 말고 잘 따져보고 투자를 해야 실패를 하지 않는다. 지금 부동산 시장은 여러 가지 악재로 인해 거래가 활발히 이루어지지 않는다. 그렇지만 규제가 영원히 계속되는 것은 아니다. 상황이 항상 바뀌기 때문에 이익이 나는 곳에 투자를 하면 된다. 전국에서 동시에 모든 부동산이 급락해 가격이 떨어지고 반 토막 나는 일도 없다. 하지만 지금 부동산 시장 분위기는 매매거래가 잘 이뤄지지 않기 때문에 매매시세 차익을 보기가 어렵다. 이럴 때 수익형 부동산에 투자를 해서 안정적인 임대 수익을 내는 것이 좋다. 아무리 부동산 시장이 어려워도 돈을 벌 기회는 항상 존재하기 마련이다.

수익형 부동산은 누구나 원하고 꿈꾸는 대상이다. 자신이 소유한 부동산에서 매달 꼬박꼬박 나오는 수익으로 편안하고 안정적인 삶을 살아야 한다. 하지만 지금 미리 준비하지 않는다면 당신의 미래는 밝지 않을 것이다. 우리는 풍요롭고 행복한 삶을 추구하고 원한다. 부동산이 당신에게 돈에 휘둘리지 않고 축복받은 삶을 살아가도록 해줄 것이다.

## 기적의 부동산 재테크 노트

**젊은 세대 1인 가구 오피스텔은 학군보다 교통과 상업시설을 중시한다**

통계청에 따르면, 우리나라 1인 가구의 비중은 2022년에 전체 인구의 30%에 달할 것으로 예상되며, 2035년에는 760만 명을 넘어설 것이라고 전망된다.

이제는 1인 가구가 큰 비중을 차지한다. 자녀를 많이 낳지 않아 인구가 감소하고 있지만 인간의 수명이 늘어나면서 부모님께 집을 물려받기 힘든 시대에 살고 있다. 이러한 상황으로 앞으로는 1인 가구 수요가 더 늘어나게 된다.

입지와 수요를 제대로 파악한다면 임대수익은 물론 프리미엄도 기대할 수 있다. 오피스텔의 주된 수요는 젊은 세대 1인 가구다. 이들은 학군보다는 교통과 상업시설 여부를 따진다.

# 04 투자하기 전에 반드시 현장 답사를 하라

소극적인 투자와 신중한 투자는 엄연히 다르다.
– 워런 버핏(미국의 사업가, 투자가)

## 분양사무소 상담사의 말을 맹신하지 말라

분양하는 아파트는 많은 사람들이 모델하우스를 보고 계약을 많이 한다. 어느 지역이라는 정보와 위치를 파악하고 아파트 내부가 마음에 들면 계약을 해버린다. 실수요자와 투자자는 반드시 계약을 하기 전에 상담사의 말만 믿지 말고 꼭 현장 답사를 해야 한다. 가게에서 소비하는 제품이나 물건을 사는 것이 아니라 부동산 소유권을 갖는 중요한 일이다. 자산 가치를 높일 수 있는 곳에 투자를 해야 한다.

피 같은 돈을 함부로 투자해선 안 된다. 신중하게 선택을 해야 나중에 후회하는 일이 생기지 않는다.

남편과 나는 모델하우스를 찾았다. 모델하우스는 많은 사람들로 붐볐다. 구형 아파트가 많다보니 신축 분양아파트에 관심과 열기가 뜨거웠다. 아파트 트렌드가 예전과 많이 바뀌어서 한층 깔끔하고 편리하게 인테리어가 되어 있었다. 분양사무소의 상담자는 호재를 설명해주면서 주변 시세에 비해 분양가가 낮기 때문에 투자 가치가 있다고 어필했다. 상담사의 말만 들으면 투자를 하지 않을 수 없는 좋은 투자다.

하지만 그 말이 사실인 경우에나 해당되는 것이다.

남편과 함께 신축공사를 하는 현장에 찾아가서 확인해보기로 했다. 아파트 주변에는 오래된 주택이 많아 투자를 하기에는 환경과 주위 여건이 별로였다. 우리는 그 아파트 분양을 포기했다. 포기한 아파트는 미분양으로 입주자 모시기에 나섰다. 자신이 투자하는 지역이 어떤 곳인지 직접 현장에 가보아야 우리가 미처 몰랐던 부분까지 찾아낼 수 있다.

투자를 하기 전에 꼼꼼히 현장을 둘러보고 실제로 주변 환경과 미래에 가치가 있는 곳인지 파악을 해야 실패 없는 투자를 할 수 있다.

대구는 신축아파트가 별로 없어서 분양하는 아파트 열기가 뜨겁다. 많은 사람들이 새 아파트에 살고 싶어 하기 때문에 새 아파트의 가격이 많이 오르고 있다. 분양되는 아파트는 입지가 좋은 곳에는 프리미엄이 많이 붙는다. 문재인 정부가 들어서면서 부동산규제를 조이고 있지만 대구는 조정대상지역에서 빠지게 되면서 양도세 중과를 피하게 되었다. 그러므로 투자자가 대구에 몰리면서 투자과열로 이어지고 있다. 수성구 집값이 한 달에 1억 원이 오르고 범어동 역세권은 1년 사이에 5억 원이 뛰었다. 하지만 사람이 많이 몰리다보니 당첨될 확률이 아주 낮다. 투자자와 새 아파트에 살고 싶어 하는 실수요자가 많다 보니 청약 경쟁률은 대단하다. 나도 몇 번 청약을 넣었지만 다 떨어졌다.

대구 북구에 미분양으로 일부 잔여세대를 모집한다는 광고를 보게 되었다. 그곳은 얼마 전에 여름 땡볕에도 많은 사람들이 줄을 서서 모델하우스로 들어가기 위해 순서를 기다리고 있던 아파트였다. 우리는 왜 미분양이 되었는지 궁금해서 모델하우스를 구경하러 갔다. 첨단아파트로 인테리어와 수납공간까지 마음에 들게 설계가 잘 되어 있었다. 1천6백 세대인데다가 역세권에 위치한 대단지 아파트라 괜찮다는 생각이 들었다. 그런데 정부의 부동산 규제로 사람들이 움츠리기 시작하면서 미분양이 발생했던 것이다.

남편과 나는 대구 매천동 대단지 아파트 현장을 둘러보았다. 대단지로 역세권과 초, 중, 고등학교가 있어 투자 가치가 있다고 판단되었다. 주변에는 구아파트가 많아 아파트 가치가 올라가겠다는 생각도 들었다. 그런데 도로차로가 붙어 있어 도로 소음 발생이 예상되고 지상철이 지나가는 곳이 아파트동과 너무 가까워 미관상으로도 불편하다는 생각이 들었다. 모델 하우스에서 견본품을 봤을 때는 그런 것까지 눈에 들어오지 않았다.

하지만 현장 답사를 해 보니 아파트 동 선택을 잘 해야겠다는 생각이 들었다. 무작정 견본품만 보고 계약을 하면 막상 입주를 할 때 생각과 다른 아파트에서 살면서 소음에 시달리고 불편함을 겪을 수 있다. 향후에 매도를 할 때도 다른 아파트 동보다 저렴하게 내놓아야 한다. 제대로 현장 답사를 하고 올바른 선택을 해서 재산상 불이익을 보지 않도록 신경을 써야 한다.

현장에서 봤을 때의 로열동을 찾아 계약을 하면 투자가치가 있다고 판단되어 계약을 하기로 했다. 우리가 원하는 동호수를 선택해서 계약을 했다. 계약을 하고 5개월쯤 되자 분양이 완료되어 프리미엄이 생기기 시작했다. 가격대가 6천만 원~8천만 원으로 형성되었다. 입주시기가 되면 더 많이 오를 거라고 본다. 이런 판단을 할 수 있었던 것은 현장을 답사하고 가치를 잡아낼 수 있었기 때문이다. 미분양 아파트지만 과감한 투자를 선택할 수 있었다.

부동산 투자를 하겠다고 마음을 먹었다면 투자하기 전에 현장답사를 반드시 해야 한다. 분양사무소 직원이 권유하는 물건을 선택하는 것이 아니라 내 눈으로 보고 확신을 가지고 스스로 결정을 내리는 투자가가 되어야 한다.

## 현장 답사는 무슨 일이 있어도 하라

지방 아파트를 둘러보는데 연식이 같은 아파트인데도 가격차이가 많이 나는 것을 발견했다. 나는 '왜?' 가격 차이가 나는지 궁금했다. 아파트 단지를 직접 둘러보기로 했다. 지하주차장까지 들어가보기도 하고 엘리베이터를 타고 꼭대기 층까지 가서 전망을 보고 여러 아파트 단지를 다녔다. 밤에도 현장을 다녔다. 밤이 되면 퇴근하는 사람들로 주차장 문제점도 알 수 있기 때문이다. 그렇게 현장을 다니면서 왜 아파트 가격이 다른 아파트에 비해 낮은 가격으로 거래가 되는지 알았다. 불편한 엘리베이터와 고압선 문제가 있었다. 엘리베이터가 지하주차장까지 연결이 되어 있지 않아 불편했다. 그리고 고압선 문제가 있으면 매매거래에 있어서 가격이 떨어지게 된다. 특히 매매가 잘 이루어지지 않을 때에는 가격을 제대로 받을 수가 없다.

부동산 투자는 단기간에 부를 만들어주는 최고의 수단이다.
부동산 도구를 잘 활용해서 인생을 반짝반짝 빛나게 만들어야 한다.

이렇게 현장을 직접 답사를 하는 것으로 안목이 넓어지는 것을 느낄 수가 있었다. 부동산에 가서 물어볼 수도 있지만 부동산 중개인에 따라 잘 답변을 해주지 않을 수도 있다. 매매와 매도를 해주고 수수료를 받는 사람이기 때문에 세세하게 말해주지 않는다. 거래를 성사시키는 것이 목적이기 때문이다. 아파트 내부는 집을 사게 되면 자연스럽게 가서 보면 되지만 아파트 주위는 잘 보지 않는다. 이런 부분도 잘 찾아내야 한다. 투자자는 부동산을 한 번만 사고 마는 게 아니기 때문이다. 부동산은 마트에서처럼 물건을 사고 마음에 안 든다고 바로 반품을 할 수 있는 물건이 아니다.

부동산 투자는 자산을 만드는 도구이다. 그리고 다른 사람들 말에 휘둘리지 않기 위해서는 현장 답사가 필수다.

어떤 경우에는 현장 답사를 하면서 투자가치가 높은 물건을 보기도 한다. 별로라고 생각했던 물건이었지만 현장을 방문하면서 생각이 바뀌게 되어 보물을 찾는 경우도 많다. 부동산 투자는 발품을 얼마나 많이 파느냐에 따라 투자의 안목도 키우게 되고 돈 되는 물건을 찾기도 한다. 때론 현장 조사를 제대로 하지 않아 낭패를 보는 경우도 있다.

부동산에서 싸게 아파트가 나왔다는 소식을 전해 듣고 덜컥 계약을 하는 경우가 있다. 실수요자라면 그냥 들어가 살면 되지만 투자자라면 상황이 달라진다. 주변에 공급물량을 제대로 파악을 하지 못해 입주시기가 맞물리게 되면 세입자를 구하지 못해 발을 동동 구르게 된다. 다른 지역에 투자를 하게 되어도 부동산에 다 맡기지 말고 거리가 멀어도 꼭 직접 현장 답사를 하자. 그래야 재산의 손해를 보지 않는다는 것을 명심해야 한다.

부동산 투자를 하는 것도 좋지만 그 전에 꼭 현장 답사를 해서 자신의 재산에 손해를 보지 않도록 해야 한다. 돈을 버는 것보다 더 중요한 것은 벌어놓은 재산을 제대로 지키는 것이다. 부동산 투자자로서 자신이 스스로 판단하고 결정을 내릴 수 있도록 계속해서 공부하고 현장에서 많은 체험을 하고 부동산을 보는 안목을 키워야 한다.

부동산 투자는 단기간에 부를 만들어주는 최고의 수단이다. 부동산 도구를 잘 활용해서 인생을 반짝반짝 빛나게 만들어야 한다. 당신의 인생도 부동산과 함께 부자의 지름길로 걸어가길 바란다.

## 기적의 부동산 재테크 노트

**기적의 부동산 재테크 노트 : 로열동, 로열층을 공략하라!**

아파트를 매매를 할 때 실거주하는 사람들은 로열동, 로열층을 별 대수롭지 않게 생각할 수 있다. 그리고 고소공포증이나 아이가 있어 층간소음으로 인해 저층을 선호하기도 한다. 이런 사람들은 생활의 편리함과 주거 안정에 신경 쓰면서 집을 마련하지만 투자자는 생각이 달라야 한다.

시세차익과 임대수익을 동시에 잘 보전하려면 로열동, 로열층을 공략해야 한다. 급하게 매도를 하려고 할 때 경기가 호황일 때는 가격이 맞으면 매도가 잘 되지만 불황일 때는 가격이 떨어져 손해를 볼 수 있다. 다시 회복기가 올 때까지 시간이 필요하다.

하지만 급매를 잡아 단기간에 시세차익을 보고 팔 경우에는 때에 따라 로열동, 로열층을 꼭 고집할 필요는 없다.

# 05 투자금을 생각하고 부동산에 투자를 하라

기회는 어디에나 있는 것이다. 낚시대를 던져놓고 항상 준비하라.
없을 것 같은 곳에도 언제나 고기는 있다.
— 오비디우스(로마의 시인, 작가)

**부동산 소장을 내 편으로 만들어라**

내 집 마련이 꿈이었던 시절에 하던 생각은 단순했다.

'어떻게 하면 돈을 모아 집을 살 수 있을까?'

버는 수입이 뻔하기 때문에 우리 살림으로는 도저히 불가능하다고 생각했다. 한 달에 30만 원 적금을 붓는 데에도 빠듯했다. 그만큼 가정형편이 어려웠다. 나는 어려운 상황에서 죽고 싶을 만큼 힘들었지만 어떻게

든 견디어 냈다. 언젠가는 나아질 거라는 믿음으로 버텼다. 적은 돈이라도 허투루 쓰지 않고 한 푼이라도 더 모으기 위해 애를 썼다. 그런 세월이 있었기에 지금의 내가 있다고 생각한다.

돈을 모으는 데는 시간이 많이 걸린다. 나처럼 수입이 적은 사람들은 따로 저축할 돈을 떼내는 것조차 힘들다. 그 과정에서 많은 스트레스를 받는다. 하지만 절약하고 아껴서 내가 목표하는 곳에 도달할 때까지 참고 이겨내는 습관을 길러야 한다. 돈을 제대로 관리할 줄 알아야 나중에 더 큰 돈을 모을 수 있다. 돈을 모으는 과정을 통해 끈기를 배우게 되고 힘들게 모은 돈을 함부로 대하지 않게 된다. 돈을 소중하게 여기는 자세를 배우는 것 또한 매우 중요하다.

돈이 없을수록 돈을 모으는 훈련을 하는 것은 무척 중요하다.

얼마 전에 보증금을 올려 받아 1천만 원이 들어왔다. 돈을 보자 부동산을 사고 싶다는 생각이 들어 인터넷으로 소형 아파트 매물이 많이 나온 곳들을 검색했다. 매물이 많이 나왔지만 전체적으로 전세 매물은 없었다. 그걸 보는 순간 급매를 잡아서 전세를 놓으면 시세차익을 볼 수 있겠다는 생각이 들었다. 요즘 매물이 많이 나오지만 매매거래가 잘 되지 않아 급하게 팔아야 하는 사람들이 가끔 있기 때문에 이럴 때 타이밍을 잘 잡으면 수익이 나는 물건을 매매할 수 있다.

　부동산 소장님과 이야기가 잘 되어 급매물 소개를 받았다. 직장 때문에 급히 이사를 가야 한다고 했다. 집을 팔아서 옮겨가는 곳에 잔금을 내야 한다고 했다. 이사날짜 기한은 다가오는데 아파트 매물은 많고 수요자가 없어 애를 태우고 있었다. 때마침 나는 그 집을 보게 되었다. 집은 붙박이장과 보일러, 문고리까지 교체가 되어 있어 마음에 들었다. 도배만 해서 전세를 놓아도 금방 나갈 정도로 완벽했다. 대구 성서동 24평 소형 아파트는 1억 7천5백만 원에 거래가 된다. 하지만 집이 잘 안 나가는 관계로 오래 기다릴 처지가 되지 않았다.

　급매로 내놓아야 싼 맛에 찾는 사람이 있기 때문에 가격을 내릴 수밖에 없다. 1억 5천만 원에 나왔지만 100만 원을 더 깎아 1억 4천9백만 원에 계약을 했다. 아파트 연식은 20년 정도가 되었지만 초역세권에 대형마트가 바로 앞에 있고 관공서와 학군이 좋아 수요가 꾸준한 곳이다. 특히 전세가율이 90%가 넘었다. 바로 계약을 했다.

　전세보증금 1억 5천만 원에 세입자를 들였다. 내 돈은 200만 원 정도 들었다. 중개수수료와 법무사비용과 등기비용, 도배비용만 들었다. 2년을 돌리고 시세차익을 보고 팔아도 된다. 실투자금이 거의 안 들어간 투자로 성공적이었다. 부동산 소장님은 몇 달 전에는 다른 투자자가 이 근처 아파트를 매매를 하고 전세를 돌려 실투자금 600만 원으로 샀다고 했다.

## 소액이라 부끄러워 하지마라

부동산 투자를 하고 싶은데 투자금이 없다는 것은 어부가 고기를 잡으려 해도 그물이 없어 펄쩍펄쩍 뛰는 고기를 바라볼 수밖에 없는 것과 같다. 그저 애만 탈 뿐이다. 시간이 많이 걸려도 포기하지 말고 투자금을 마련해야 한다. 처음부터 큰 돈으로 투자를 하겠다는 생각을 버리고 자신이 가지고 있는 투자금에 맞게 부동산을 고르면 된다. 돈이 많지 않아도 부동산 투자가 가능하다. 부동산 시장에는 물건들이 다양하게 많다.

부동산은 돈 많은 사람들이 하는 투자라 생각하는 사람들이 많다. 나도 예전에는 그런 생각을 가지고 부동산을 쳐다보지 않았다. 내가 외면하고 보지 않은 부동산은 다른 투자자들에게는 부자로 만들어주는 도구로 쓰이고 있었다. 부동산을 모르는 나는 가난과 마주하면 나란히 걷고 있었던 것이다.

부동산에 눈을 뜨기 시작하면서 이제는 적은 돈이라도 생기면 고민하기 시작한다.

'어떻게 하면 부동산을 살 수 있을까?'

부동산중개소를 찾아가서 싼 매물이 없는지 찾아본다. 500만 원이라도 있으면 그에 맞게 투자처를 찾아 나선다. 나는 투자자이기 때문에 돈이 많고 적고는 상관하지 않는다. 오로지 알짜배기 물건을 찾는 게 내 목적이다. 적은 돈이라고 부끄러워할 필요 없다. 중개인은 소개시켜주고 수수료를 받으면 된다. 솔직하게 말을 하고 좋은 물건이 있으면 소개시켜달라고 하면 된다. 그렇게 여러 번 하다보면 요령이 생긴다.

은정씨는 부동산 투자에 관심이 많았다. 부동산에 대한 정보를 이야기하면 귀담아들었다. 그런 은정씨에게 도움을 주고 싶었다. 내가 알고 있는 정보를 주어 오피스에 투자를 하면 적은 돈으로도 월세 수익을 받을 수 있고 물가 상승에 따라 시세차익을 볼 수 있다고 조언을 주었다. 은정씨는 3천9백만 원으로 오피스 3채를 계약했다. 막상 오피스를 계약했더니 더 가지고 싶은 욕심에 투자를 더 하고 싶다고 연락이 왔다.

"은화씨, 오피스 2채를 더 사고 싶은데 돈이 모자라요. 속상해서 여기저기 대출을 받아서라도 해보고 싶은데, 괜찮을까?"
"은정씨, 너무 무리하지 마! 몇 달 있다가 분양받은 아파트에 이사한다면서, 어느 정도 여유 있게 가는 게 좋아."

500만 원이라도 있으면 그에 맞게 투자처를 찾아 나선다.
나는 투자자이기 때문에 돈이 많고 적고는 상관하지 않는다.

"그렇긴 해, 근데 몇 천만 원 투자해서 월세 수익을 올릴 수 있다니 마음이 급해져서 딴 생각이 나지 않았어!"

은정씨가 투자한 오피스는 중도금 대출도 들어가지 않은 시점인데도 주변 산업단지와 교통과 상권이 잘 어우러져 프리미엄이 붙기 시작했다. 이 소식을 전해들은 은정씨는 마음이 흔들리기 시작했다.

"그때 어떻게 해서든지 더 살 걸 그랬어!"

하지만 은정씨는 나중을 위해서 깨끗하게 잊고 돈을 모아 투자를 하겠다고 말했다. 투자금을 생각하지 않고 부동산 물건만 보고 투자를 하게 되면 갑자기 현금 흐름이 좋지 않은 시기가 올 수도 있다. 그때는 급하게 팔아야 하는 경우가 생긴다. 투자를 할 때는 많은 수익을 보고 하는데 수익이 형성되기 전에 매도를 해야 하는 안타까운 일이 발생하는 것이다.

부동산은 시간에 투자하는 것이다. 시간이 지남에 따라 가격이 오르기 때문에 조급하면 원하는 가격을 받을 수 없다. 더 많은 수익이 예상되지만 팔아야 하는 상황이 오면 그때는 자신이 더 속상할 것이다.

투자금이 얼마 되지 않는데 비싼 부동산에 투자를 하고 싶은 사람들도 있다. 단기간 수익을 많이 내고 싶은 욕심에 무리해서 빚을 내 투자하는 사람들이 있다. 그러나 '나중에 어떻게 되겠지!'라는 안일한 생각으로 투자를 했다가는 큰코다친다. 자신이 가지고 있는 투자금으로 안전하게 투자를 해야 실패하지 않는다. 직접 해결할 수 있을 정도의 대출은 투자를 할 때 많은 도움을 주며 자산을 늘리는 데에 레버리지 역할을 한다. 하지만 수익률과 대비해 감당이 되지 않는데도 불구하고 불확실한 투자를 한다면 엄청난 재산 손실을 보게 된다. 자신만의 투자 원칙을 잘 지켜야 행복한 투자로 즐겁게 살아갈 수 있다.

가지고 있는 투자금으로 최대의 수익을 만들어내도록 끊임없이 배우고 노력해야 한다.

남들이 부동산 시장이 혼란스럽다고 여기고 피하고 있을 때, 투자자들은 다른 기회를 보고 부동산을 사들인다. 이것이 보통 사람들과 투자자들의 차이점이다.

위기를 기회로 보지 못하고 위기로만 인식하는 생각을 바꾸고 기회를 볼 줄 아는 안목을 키워야 한다. 남들과 똑같은 생각으로는 절대로 부자가 되지 못한다. 남들보다 한 발짝 먼저 움직이는 사람이 되어야 한다.

**자신을 의심하지 말고 믿어야 한다**

부동산에 투자하는 액수도 중요하지만 나 자신을 믿는 훈련이 먼저 되어 있어야 한다. 결국 판단은 자기 몫이기 때문에 스스로를 의심하고 믿지 못하면 성공적인 투자가 이루어지지 않는다.

희망의 불씨를 본인이 스스로 꺼트릴 수도 있고 살릴 수도 있다. 현명한 선택으로 더 나은 인생을 맞이하길 바란다.

# 06 확신이 들 때 미루지 말고 바로 행동하라

신은 인간을 만들고 형태를 짓지만,
인간을 완성시키는 것은 돈이다.
– 토마스 풀러(영국의 역사학자)

## 망설이지 말고 투자를 시작하라

부동산 투자를 하겠다는 마음을 먹고 열심히 부동산과 관련된 서적과 강의를 들었다. 공부를 하면 할수록 부동산 투자에 대한 열정이 더 강해지는 것을 느낄 수 있었다. 이론적인 공부와 필자들의 성공담을 통해 간접적인 경험을 하면서 부동산 부자로 성공하고 싶다는 욕망이 끓어오르기 시작했다. 부동산 투자에 대한 두려움은 한순간에 사라졌다. 부동산 투자를 하면 부자가 될 수 있겠다는 생각이 나를 지배하기 시작했다.

부동산 투자로 돈을 많이 벌고 싶었다. 이제껏 살아오면서 내가 벌 수 있는 돈은 정해져 있었다. 언제나 딱 그냥 밥만 먹고 살 수 있을 정도의 돈이었다. 어떤 일을 해도 삶은 크게 달라지지 않았다.

그런데 부동산 공부를 하면서 이때까지의 고된 삶이 부동산을 통해 뒤바뀔 수 있을 거라는 확신이 들었다. 나는 바로 행동에 돌입했다. 나 스스로도 신기할 정도로 행동이 빨랐다. 부동산으로 더 나은 인생을 살 수 있겠다는 확신이 서는 순간 한 치의 망설임도 없이 투자를 시작했다.

우선, 내가 살고 있는 지역을 선택했다. 가장 잘 아는 지역이기도 했고, 시장 조사와 현장 방문이 쉽게 잘 이루어지기 때문에 접근하기가 쉬웠다. 투자를 알아가는 시점이다 보니 전혀 모르는 지역에 투자하기보다 안정적인 투자를 선택했다. 그러다보니 심적으로 편했다. 꼼꼼하게 여러 단지를 둘러보고 아파트 값이 지속적으로 오를 수 있는지 살폈고 전세와 월세 가격을 조사했다. 매매가 대비 전세가가 별로 차이가 나지 않는 물건을 찾았다. 그런 아파트들은 주위 환경과 교통이 편리하고 살기 좋은 곳이다. 그만큼 수요가 많은 것은 당연하다. 때문에 전세가가 높은 것이다.

나는 실투자금이 적게 들어가는 곳에 투자를 한다는 원칙을 세웠다.

투자 목적으로 아파트를 봐야 한다. 적은 돈으로 최대치의 수익을 보고 접근하기로 했다. 인터넷으로 어느 정도 아파트 매물을 확인하고 대구 서변동 근처에 있는 부동산에 찾아갔다. 내가 마음에 드는 아파트 매매가를 물어봤다.

"소장님, 23평 13층 아파트 여기는 가격이 얼마에 나와 있나요?"

"주인이 2억 1천만 원에 팔아달라고 내놨네요. 이 아파트는 전망도 좋고 로열층이라 좋아요, 한번 보실래요?"

"네, 지금 보러 가도 되나요?"

부동산 소장님과 아파트 내부를 둘러보았다. 집을 깨끗하게 사용을 해서 따로 수리할 필요가 없을 정도로 상태가 좋았다. 보일러도 교체가 되어 있어서 크게 신경 쓸 일이 없을 것 같았다. 게다가 우리가 방문한 시간이 저녁이었는데 전망이 너무 좋았다. 내가 살고 싶을 정도로 그 집이 갖고 싶었다. 세를 놓아도 세입자를 찾는 문제는 없을 것 같았다.

그런데, 집은 너무 마음에 들었지만 가격이 맞지 않았다. 내가 사는 것도 아니고 투자를 하기 위해 사는 것인데 굳이 높은 가격에 사고 싶지 않았다. 소장님도 더 이상 가격을 조정해줄 것 같지 않았다. 마음에 들지만 아쉽게 돌아서야 했다.

나는 여러 부동산을 돌아다니다가 마음에 드는 소장님을 만났다. 소장님한테 투자 물건을 찾고 있다고 말을 하자 나의 마음을 바로 알아차리고는 여러 물건을 소개해줬다. 싸게 나온 물건 위주로 현장을 다니며 내부를 살폈다. 하지만 내가 찾는 물건이 아니었다. 그러던 중 소장님이 물었다.

"꼭 서변동에 있는 아파트를 사셔야 하나요?"
"아뇨, 얼마 전에 동변동에 있는 아파트를 봤는데 마음에 들지만 가격이 맞지 않아 포기했어요."

그러자 소장님은 아파트 동과 호수를 말하면서 물었다.

"여긴 어때요?"
"아, 거긴 내가 가 봤던 곳인데요, 아까 말했던 그 아파트에요."

소장님한테 급매로 괜찮은 아파트가 있으면 연락을 달라고 말하고는 집에 돌아왔다. 몇 시간이 흐르고 부동산 소장님한테서 연락이 왔다. 흥분한 목소리로 1억 9천만 원에 해주면 계약하겠냐고 물었다. 나는 갑작스럽게 받은 제안에 '어떻게 1억 9천만 원에 계약을 할 수 있냐'고 물었다. 그러자 주인이 여러 부동산에 그 아파트를 매물로 내놓았는데 소장님이 친하게 지내는 다른 부동산 소장님과 통화를 하다가 내가 말한 아파트 이야기가 나오면서 그쪽 부동산에는 시세보다 더 싸게 내놓은 것을 알게 되었다. 그렇게 해서 손님 중에 가격이 맞으면 매매를 할 사람이 있다고 이야기했다는 것이다. 바로 계약을 하는 조건으로 1억 9천만 원에 아파트를 샀다. 집주인은 급하게 이사를 가야 해서 어쩔 수 없이 팔게 된 사정이 있었다.

보증금 2천만 원에 월세 60만 원으로 바로 세를 놓았다. 중개수수료와 등기비용까지 합해서 실투자금 1천9백만 원이 들어갔다. 나머지 잔금은 은행을 이용했다. 이 계기로 자신감이란 무기를 갖게 되었다. 자신의 대한 믿음 없이는 자신감이 나오지 않는다. 부동산은 나를 부자를 만들어 주는 도구이지만 도구를 사용하는 것은 바로 나 자신이기 때문이다. 나의 행동에 따라 주위의 상황과 환경이 달라진다는 사실을 알아야 한다. 지식으로 끝나지 않도록 투자의 기회를 마주했을 때면 즉각 행동으로 옮겨야 한다. 생각만으로 끝나게 되면 시간이 지날수록 투자를 하기 힘들어진다.

**수요와 공급을 잘 파악해야 한다**
다음으로 나는 대구 이곡동에서 전세비율이 높은 아파트를 찾았다. 역시 수요가 풍부했다. 환경이 좋아 투자하기에 괜찮다고 판단했다. 그런

부동산 투자는 그 어떤 투자보다 안전하다.
부동산 투자를 미루지 말고 한 살이라도 젊을 때 시작해야 한다.

생각이 드는 순간 바로 매매를 하고 싶어서 부동산에 가서 매물을 소개 받았다. 1억 6천만 원에 물건이 나와 있었다. 전세는 1억 5천만 원에 거래가 되고 있었다. 나는 실투자금 1천만 원이면 아파트를 살 수 있다는 생각에 기분이 좋았다. 소장님한테 전세 1억 5천만 원에 세를 놓아줘야 한다고 말했다. 다짐을 받고 집주인에게 좀 더 깎아 달라고 소장님한테 가격 조정을 부탁드렸다. 가격을 조금 더 깎아서 1억 5천8백만 원에 계약을 했다. 집은 모두 리모델링되어 있어 도배만 하면 충분했다.

하지만 세입자를 빨리 구하지 못했다. 주위의 입주 물량으로 인해 전세세입자를 구하기도 힘들었고 전세 가격도 떨어지기 시작했다. 나에게 집을 판 사람도 새 아파트에 입주를 하기 위해 전부 리모델링한 아파트를 시세 대비 2천2백만 원 싸게 내놓았던 것이다. 입주 물량이 있어도 이렇게까지 타격이 있을 줄 몰랐다. 그렇게 해서 내가 생각한 전세가격보다 1천만 원 싸게 놓아야 했다. 나는 내가 생각한 투자금이 있었기 때문에 조금 속상했다. 하지만 시세와 비교하면 싸게 샀기 때문에 전세금은 입주물량이 끝나고 만기 때 올려 받겠다고 생각하고 쿨하게 잊어버렸다. 실투자금은 1천8백만 원이 들어갔다.

투자를 직접 해봐야 더 많은 것을 보고 배우고 익히게 된다. 책으로 보고 듣는 강의로만 부자가 되지 못한다. 과정으로 경험을 쌓아야 부동산 보는 안목이 커지게 되고 더 큰 투자로 넓혀갈 수 있다. 많은 사람들은 생각은 많이 하지만 행동을 하지 않는다. 항상 망설이고 안 되는 변명거리만 찾는다. 그러면서 불평불만으로 세월을 허비한다. 부자들은 보통 사람들처럼 생각을 많이 하지 않는다. 투자할 가치가 있다면 바로 행동으로 옮긴다. 많은 사람들이 망설이고 눈치를 보고 있을 때 부자들은 더 많은 부를 만들고 늘려가고 있다.

부동산 투자는 미루지 말고 바로 행동해야 한다. 많은 사람들이 시간이 지나면 뒤늦게 후회를 한다. '그때 투자를 했어야 하는데.'라는 생각을 하는 순간 당신은 부자의 길과 멀어지고 있다는 것을 명심해야 한다.

왜! 당신은 망설이는가?

부동산 투자는 그 어떤 투자보다 안전하다. 부동산 투자를 미루지 말고 한 살이라도 젊을 때 시작해야 한다. 무슨 일이든지 행동하지 않으면 그 무엇도 얻을 수 없다. 부동산 부자가 되는 것은 당신 자신의 행동에 달려 있다!

## 공급과 수요 파악을 먼저 하라

공급과 수요 파악을 잘 해야 손해를 보지 않는다. 아파트 매수를 할 때 세를 놓는 시기에 주변 지역에 입주물량을 확인해야 하고 수요가 풍부한지를 알아보아야 한다.

가격과 시세흐름을 '네이버부동산' 검색으로 먼저 알아보고 부동산에 가서 매수할 물건을 협상해야 한다. 매수에만 신경 쓰지 말고 매수한 물건을 좋은 가격에 세를 놓을 수 있도록 수요가 탄탄한지를 살펴보는 것을 잊지 말라!

세를 놓는 시기와 주변의 입주하는 시기가 겹치면 공급물량이 넘치기 때문에 보증금을 낮추어서 세를 놓아야 한다.

# 07 공인 중개사와 친분을 쌓아라

공정한 수단으로 벌 수 있다면, 돈을 벌어라.
공정한 수단으로 벌 수 없다면, 그래도 어떻게든 벌어라.
– 호라티우스(로마의 시인)

**진심으로 공감하고 도움을 주고받을 수 있는 투자자라고 인식시켜라**

부동산 투자는 가치 있는 물건을 싸게 사서 돈을 버는 투자 방법이다. 누구나 좋은 물건을 싸게 사고 싶을 것이다. 싸게 살수록 수익이 많이 나기 때문이다. 하지만 혼자서는 불가능하다. 매도자와 매수자를 중개하는 부동산을 끼고 거래가 이루어진다. 어떻게 하면 돈 되는 물건을 잡을 수 있을까?

해답은 공인 중개사와 친하게 지내는 것이다. 그러면 일단 절반은 성공이다.

처음 부동산 투자를 하게 되면 여러 부동산 사무실을 많이 다녀야 한다. 공인 중개사마다 성향이 달라서 자신하고 잘 맞는 공인 중개사를 만나는 것이 중요하다. 내가 원하는 투자 방향을 잘 읽고 매물 정보를 주는 중개사가 최고다. 인터넷 발달로 여러 부동산 매물을 공유하는 시대에 살고 있다. 그렇지만 정말 급한 급매물은 잘 공개되지 않는다. 주로 친분이 있는 지인이나 평소에 잘 아는 사람들에게 먼저 권하고 난 다음 일반 매수자에게 권한다. 급매는 시세보다 많이 싸기 때문에 공유하지 않아도 매도가 쉽기 때문이다. 또 거래를 성사시키게 되면 양측 수수료를 혼자서 다 챙길 수 있다. 내가 잘 아는 지역의 부동산 중개업자와 친하게 지내면서 지역의 시세와 매매가, 전세 변동을 눈으로 보고 정보를 습득할 수 있다.

나는 주로 공인 중개사를 통해 급매물을 주로 잡아 투자를 한다. 중개사와 친분을 돈독하게 만들어놓으면 투자를 성공적으로 할 수 있다. 부동산에는 급매라는 것이 있어 주변 시세보다 싸게 살 수 있는 기회가 있다. 그리고 가격이 딱히 얼마라고 정해져 있지 않다. 부동산 시장의 움직임에 따라 거래가 되기 때문이다. 어떤 때에는 부동산 시장이 아니라 개인적인 사정으로 인해서 급하게 매물을 내놓는 사람들이 있다. 공인 중개사는 이런 상황을 흔히 알고 있다. 왜냐면 집주인들은 보통 사정을 이야기하면서 빨리 팔아 달라고 말하기 때문이다. 일반적으로 매도자의 상황이 급할 때면 아무래도 많이 싸게 살 수 있다. 갑자기 해외로 나가게 되었거나 새로 이사 갈 집을 미리 계약을 해둔 경우에도 불안감에 가격이 내려가게 된다. 이런 사정을 잘 알고 있는 공인 중개사와 친분이 있다면 좋은 가격에 부동산을 살 수 있다.

급매로 사게 되면 2천만 원~2천5백만 원 정도의 시세차익을 남길 수 있다. 중개인들도 좋은 물건이 나오면 투자를 하기도 한다. 하지만 나올 때마다 다 살 수가 없기 때문에 친분이 있는 지인들에게 정보를 준다. 공인 중개사와 잘 지내는 것만으로 거래에 있어서 절반은 성공했다고 할 수 있다. 중개사의 소개로 돈 되는 물건을 사서 시세차익을 남기고 팔아 재투자 한다. 나는 고마움에 내 주위에 집을 사고 싶다는 사람이 있으면 친분이 있는 중개사에게 소개를 시켜준다.

"은화씨, 이사를 해야 해서 몇 군데 알아봤는데 가격도 비싸고 집도 마음에 들지 않아서… 어떻게 할까? 생각 중이에요. 마침 잘 만났네요, 아파트 하나 알아봐줘요?"
"그래요, 그럼 제가 한 번 알아보고 연락드릴게요."

우연히 길에서 마주친 지인이 자신의 근황을 이야기하면서 집을 알아봐달라고 했다. 나는 그쪽 지역에 친분이 있는 공인 중개사에게 전화를 걸어 아파트를 알아봐달라고 했다. 그러자 중개사도 좋아 했다. 다른 부동산도 많은데 자신의 부동산으로 연락을 줬기 때문에 목소리가 밝았다. 그렇게 전화를 끊고 한참이 지나자 아파트 가격과 집이 깨끗한 물건이 있는데 계약을 빨리 해주면 가격조정도 더 해줄 수 있다고 했다. 지인에게 그대로 전달해서 시세보다 1천5백만 원 정도 싸게 살 수 있게 도와줬다. 지인은 집도 마음에 들고 싸게 살 수 있게 도움을 줘서 고맙다고 했다. 나의 작은 도움으로 상대방을 기쁘게 했다는 생각에 나 역시 기분이 좋았다.

며칠이 지나자 지인과 공인 중개사가 고맙다고 선물을 보내왔다. 지인은 집을 싸게 마음에 드는 집을 사고 중개사는 내 덕분에 양측 수수료를 다 받아 수익을 올려서 감사하다고 했다. 서로 필요할 때 도움을 주고받을 수 있음에 만족한다. 부동산 중개사는 그 이후로 더 살갑게 잘 지내게 되었다. 아파트를 매매하고 전세를 놓아달라고 부탁을 했는데, 전세가 나가면 수수료를 줘야 하지만 매매수수료만 받고 전세수수료를 받지 않았다. 그리고 좋은 물건이 있으면 제일 먼저 정보를 준다.

부동산으로 돈을 많이 벌고 싶다면 부동산 전문가인 공인 중개사와 친하게 지내야 한다. 여러 부동산 전문가도 많지만 자신이 원하는 곳의 정보를 얻기 위해서는 언론에 나오는 전문가보다 지금 당장 내가 사야 하는 부동산 지역의 공인 중개사가 단연 전문가이다. 그 지역에 대해서 더 많은 정보를 알고 있기 때문이다.

**투자 물건이 있는 부동산중개인과 친하게 지내라**

하루는 세를 놓은 부동산 사무실에 들렀다. 부동산 중개사는 요즘 부동산 시장에 대해 이야기를 해줬다. 매매가도 조금씩 회복을 하고 있고 전세보증금도 올랐다고 말했다. 나는 슬쩍 물었다.

"요즘 투자금 얼마 안 들어가는 물건 있나요?"

"매물을 거둬들이고 기다리는 추세예요. 그렇지만 주위에 가족이 부동산 중개소를 운영하고 있어 다른 부동산보다 정보가 빠르고 매물이 더 많아요."

내가 투자하고 싶은 아파트 이름을 말하자 인터넷으로 바로 매물을 확인했다. 내가 다시 물었다.

"지금 보시는 사이트는 어디예요?"

"아, 이거는 공인 중개사들끼리만 보는 매물 정보가 따로 있어요."

그 말을 들자 공인 중개사와 더 친하게 지내야겠다는 생각이 들었다.

아무래도 우리가 모르는 매물이 더 많기 때문에 더 좋은 정보를 얻을 수 있다. 정보가 곧 돈이다.

중개소를 통하면 건물의 하자, 등기, 계약서 등 신경 쓸 일을 많이 줄여준다. 투자를 하다 보면 그 지역에 갈 수 없을 때에도 믿을 만한 중개사가 있으면 노력과 시간을 많이 줄여주기 때문에 수월하게 투자를 할 수 있다. 서로 믿고 사고 팔 수 있는 가장 안전한 방법이다. 공인 중개사를 통해서 정보를 얻고 가격을 흥정하고 거래가 이루어진다. 지역의 유능한 전문가인 공인 중개사를 잘 만나는 것도 행운이다. 그러기 위해서는 많은 부동산 사무실을 방문하고 알아봐서 자신과 가장 잘 맞는 공인 중개사와 친분을 쌓아야 한다.

나는 평소에 부동산 사무실에 자주 들른다. 차를 마시며 자연스럽게 부동산 이야기를 나누면서 지역의 생생한 정보는 물론이고 좋은 매물을 소개받을 수 있다. 심지어 왜 아파트가 싸게 나왔는지에 대해서도 상세하게 알 수 있다. 그래서 아파트를 살 때 가격 조절을 하려고 하면 많은 도움이 된다. 공인 중개사가 상대방에게 어떻게 말을 하느냐에 따라 가격을 더 깎을 수 있다. 무조건 공인 중개사를 내 편으로 만들어야 한다.

사무실에 들를 때는 간단한 음료수를 사서 방문하는 것도 좋다. 작은 것이라도 오고 가는 정이기 때문에 마음의 문을 여는 데 많은 도움이 된다. 공인 중개사는 전체적인 부동산을 다 알지는 못하지만 자신이 운영하는 지역의 부동산 정보에 대해서는 누구보다도 더 잘 안다. 그런 정보를 활용하면 투자에 많은 도움을 받을 수 있다.

부동산으로 돈을 모은 자산가들의 공통점이 있다. 특별한 볼일이 없어도 잘 아는 부동산 사무실에 자주 들러 부동산 시장 돌아가는 이야기도 하고 흐름을 파악하기도 한다. 가격이 싼 매물 정보나 지역 상황에 대한 정보를 얻는 데는 지역 부동산 전문가를 많이 사귀어놓는 것이 성공 투자의 지름길이다. 부자들이 하는 행동을 따라만 해도 부자가 될 확률이 높다. 이러한 행동이 나를 부자로 만들어줄 것이다.

## 기적의 부동산 재테크 노트

**때로는 중개수수료를 더 주겠다고 하는 것도 요령!**

　공인 중개사는 물건을 소개시켜주고 거래가 성사가 되면 수수료를 챙긴다. 그리고 지역의 물건에 대해서는 전문가다. 중개사와 친하게 지내면 급매물을 싸게 살 수 있는 기회를 얻을 수 있다. 전세, 월세를 놓을 때 세가 잘 나가지 않으면 중개사에게 수수료를 따로 더 주겠다고 하는 것도 요령이다.

　세입자를 제때 구하지 못하면 더 큰 손해를 보기 때문에 이럴 땐 수수료를 더 챙겨준다고 하면 어떻게 해서든지 세입자를 구해준다. 손님에게도 내 물건 위주로 더 신경을 써서 거래를 성사시켜준다. 만약에 전세를 끼고 매수를 할 때 잔금을 치러야 하는데 세입자를 구하지 못하면 낭패다.

부동산 전문가를 많이 사귀어놓는 것이 성공 투자의 지름길이다.
부자들이 하는 행동을 따라만 해도 부자가 될 확률이 높다.
이러한 행동이 나를 부자로 만들어줄 것이다.

# 왕초보 엄마가 추천한다!
– 기적의 재테크를 위한 부동산 투자 필독서

『돈이 없을수록 부동산 경매를 하라』, 김서진 저, 2017

이론공부와 실전투자로 바로 돈이 되는 경매 투자 노하우를 공개하고 있다. 소액으로도 충분히 월세 받는 직장인이 될 수 있는 재테크의 기술을 배울 수 있으며, 경매에 대한 오해와 편견을 버리게 만들고 돈 되는 물건을 찾을 수 있게 투자에 대한 마인드를 배울 수 있다.

『나는 부동산과 맞벌이 한다』, 너바나 저, 2015

자신의 투자 내역을 낱낱이 공개하면서 급여 외 소득을 가져오는 시스템을 마련하는 법을 알려준다. 초보 투자자들이 책을 덮은 뒤 바로 실천할 수 있도록 차근차근 정리가 잘 되어 있다.

『부자가 되고 싶다면 부동산 투자를 하라』, 박경례 저, 2018

실전 경험과 탁월한 투자 감각으로 수많은 부동산 투자 성공사례와 부동산 투자 마인드를 확립할 수 있게 만들어준다. 다양한 부동산 투자 방법으로 추월차선을 타게 해주는 재테크 방식을 잘 설명해주고 있다.

『나는 매일 부동산으로 출근 한다』, 김순길, 정의창 저, 2015

부동산 보는 안목을 키울 수 있도록 도와주며 기본적으로 알아야 할 이론과 생생한 사례로 수요와 공급, 미래에 대한 부동산 가치를 잘 파악해주고 있다.


『나는 부동산 투자가 가장 쉽다』, 이지연 저, 2018

20여 년간 부동산 현장에서 쌓아온 저자의 경험과 노하우를 알려주고 있다. 특히 투자 방향을 잡지 못하는 사람들에게 생생한 투자 사례들을 통해 전문가의 지혜를 잘 전달한다.


『나는 돈이 없어도 경매를 한다』, 이현정 저, 2013

실거주 및 임대 목적의 주택을 마련하기 위한 경매 지식 지식과 투자 마인드를 배울 수 있다. 경매 과정을 6단계로 나누어 이해하기 쉽고 다양한 실전 사례로 경매 투자 방법을 효과적으로 설명한다.

『부자 아빠 가난한 아빠』1~2, 로버트 기요사키, 샤론 레흐트 저, 2000

"경제 사분면(월급 생활자, 자영업자 및 전문직 종사자, 사업가, 투자자)"의 개념과 자산과 부채의 차이를 이해한 뒤 부채를 구입하기보다는 자산을 구입해야 한다고 설명하고 있다. 부자가 되고, 그 부를 유지하기 위해서는 끊임없이 공부해나가고, 습관을 들여야 한다. 현금흐름 사분면의 어느 부문에서 수익을 얻어야 되는지 스스로 금융지식을 생각할 수 있도록 한다.

『부자들의 재테크 불변의 습관』, 이정우 저, 2018

재테크에 관한 기본지식을 체계적으로 쌓을 수 있도록 처음부터 부자가 아닌 직장인과 자영업자들이 부자가 될 수 있는 방법을 알려주며 경제 도서임에도 불구하고 생각보다 어렵지 않은 말들로 쉽게 풀어 썼다. 그리고 부자들이 어떻게 재테크 습관을 들여왔는지 다양한 예시들을 제시해 꼼꼼하게 설명하고 있다.

『365월세 통장』, 윤수현 저, 2018

　월세 부자가 되기 위한 8가지 경매습관과 생생한 낙찰 스토리, 경매투자 노하우를 잘 설명해주고 있다. 정리가 잘 되어 있어서 이해하기 쉽다.


『부동산 투자 100문 100답』, 박정수 저, 2016

　소형 아파트 투자에 대한 중요성과 이유를 잘 설명해주고 있다. 투자할 때 꼭 지켜야 하는 팁과 조언들이 많다. 그리고 부자의 사고방식을 가지고 머리가 아닌 행동을 하라고 말하고 있다. 소형 아파트로 부자가 된 자신의 스토리를 담아 시행착오를 통해 겪은 노하우를 알기 쉽게 풀어놓았다.

## 5장

# 하루라도 빨리
# 부동산 공부 시작하라

# Miracle Investment

# 01 오늘 당장 부동산 책부터 읽어라

부자가 되는 유일한 방법은 내일 할 일을 오늘하고
오늘 먹어야 할 것을 내일 먹는 것이다.
– 탈무드

**노력하지 않고는 아무것도 얻을 수 없다**

많은 사람들은 부자가 되길 원한다. 부자가 되고 싶어 하지만 노력을
하지 않는다. 막연하게 돈을 많이 벌어 부자로 살았으면 좋겠다는 바람
으로 끝난다. 주변에서 부자들을 보면 이렇게 말한다.

"저 사람들은 부모에게 많은 재산을 물려받았을 거야!"
"운이 좋아서 부자로 살겠지!"

주로 가난한 사람들끼리 주고받는 대화이기도 하다. 나도 예전에는 이렇게 생각했다.

'내 잘못이 아니야! 어쩔 수 없어, 더 이상 내가 할 수 있는 일은 없어. 다들 이렇게 사는데.'

그리곤 아까운 세월을 허비했다. 지금 생각해보면 내 자신이 너무 어리석었다는 생각을 한다. 가난한 삶에서 벗어나려는 노력을 하지 않았다. 세상 대부분의 사람들이 다 평범하게 살아가는 것이 당연한 거라고 여겼다. 나는 이렇게 하루하루 바쁘게 사는 것이 운명이라고 받아들였다. 많이 배우지도 못하고 가진 것도 없어 남들과 다른 삶을 살 수 없다며 자신에게 올가미를 씌우고 살았다. 하지만 이제는 그때 보이지 않았던 것들이 보이기 시작했다.

"언니, 새 아파트에 이사 가고 싶은데 좀 알아봐줘."
"내가 저번에 분양 받으라고 했잖아, 그때 했으면 좋았잖아. 지금은 프리미엄이 붙어서 돈을 더 주고 사야 해."
"그때는 별 생각이 없었어, 요즘 주위에 부동산으로 돈 벌었다는 사람들을 보니 나도 사고 싶어졌어."
"정말 사고 싶다면 알아봐줄 수는 있어."

지인은 부동산에 대해 잘 모른다고 같이 알아봐달라고 했다. 몇 달 전에 분양 받아놓아서 투자를 해도 좋고 들어가 살아도 괜찮다고 조언을 줬다. 정부의 정책으로 부동산 규제가 계속 이어지자 주위 환경이 좋은데도 불구하고 막상 계약을 할 때는 사람들이 포기를 했다. 그래서 미분양이 생겼다. 나는 분명 분양을 받아놓으면 가격이 올라갈 거란 확신이 들었다. 그래서 지인에게 권했지만 망설이면서 결정을 하지 못했다. 하지만 주위에서 아파트로 돈을 벌었다는 소식에 마음이 급해졌던 것이다. 분양권을 알아보니 몇 달 사이에 3천만 원이 올라가 있었다. 아까운 돈을 쓰지 않아도 되었지만 결국에 프리미엄을 주고 분양권을 샀다. 프리미엄을 주지 않고 바로 분양을 받았으면 좋았겠지만 그래도 지인은 계약을 하고는 기분이 좋았다. 지금도 가격이 계속 상승 중이다. 입주할 때면 더 많이 오를 것 같다.

지인처럼 부동산에 대한 아무런 지식이 없기 때문에 누가 좋은 정보를 줘도 괜찮은 정보인지 투자를 해도 되는지 안 되는지 구분을 하지 못한다. 남들이 돈 벌었다는 이야기를 들으면 대부분 사람들은 귀가 솔깃해진다. 그리고 투자를 하고 싶어 한다. 월급쟁이가 단기간에 만져 볼 수 없는 돈이기 때문이다.

매일 회사에 나가 힘들게 버는 돈이 아니라 부동산이란 곳에 넣어두면 알아서 돈을 불려주니 사람마음은 다 똑같을 것이다. 하지만 스스로 돈을 벌기 위해 노력하지 않는다. 남들이 투자하는 곳에 따라 투자를 하고 싶어 한다. 왜? 그곳에 투자를 하면 수익이 나는지에 대해 공부할 생각은 아예 없다. 아무런 노력을 하지 않고 많은 돈을 벌고 싶어 한다. 그러나 최소한 부동산에 대한 기본 지식은 있어야 사기를 당하지 않는다. 돈을 버는 것도 중요하지만 자신의 재산을 지킬 수 있는 능력을 키워야 더 많은 돈을 벌 수 있다.

### 부동산 공부로 분별력 있는 안목을 길러라

나는 부동산 투자를 결심하고 부동산 책을 사기 위해 가까운 서점에 갔다. 다양한 부동산 책에 푹 빠져 서점 바닥에 주저앉아 시간 가는 줄 모르고 읽었다. 책을 보는 순간 당장 읽고 싶어 주위의 시선을 신경 쓰지 않고 한참을 읽었다. 부동산 분야에 나온 책은 닥치는 대로 다 사가지고 왔다. 책을 그렇게 많이 사오면서 행복한 적은 태어나서 처음인 것 같았다.

책을 읽을수록 나는 이미 부자가 되어 있었다. 그렇게 부동산 책은 나에게 새로운 세계를 보여줬다. 책으로 다양한 간접경험을 할 수 있게 해주었다. 그리고 할 수 있다는 용기와 자신감까지 얻을 수 있었다. 왜 진작 부동산 책을 읽지 않는지 후회가 밀려왔다. 콜럼버스가 신대륙을 발견한 기분이었다.

　그때를 계기로 나의 인생은 180도 달라졌다. 불투명한 미래에 대한 불안감이 사라지고 나의 삶이 희망으로 바뀌기 시작했다. 사람을 달라지게 하는 것이 대단한 무언가가 있는 게 아니다. 아주 작은 기회로 나는 부동산 책을 보았고 그리고 부동산 책에서 희망을 보았다. 책을 보면서 확신을 가지게 되었다. 부동산 투자는 나를 부자로 만들어줄 수 있는 유일한 도구란 생각이 들었다. 부동산 책은 나의 마음에 부동산 투자에 대한 욕망을 불러일으켰다. 그러한 욕망이 스스로 행동을 하게 만들어서 지금의 나를 만들었다.

　주위의 사람들을 보면 부동산 책 한 권 읽지 않으면서 부동산 투자에 뛰어든다. 그런 사람들은 주도적이지 못하고 남들이 말하는 대로 휘둘린다. 부자로 살고 싶다면 부동산 소식에 귀를 기울이고 뉴스나 신문, 인터넷을 통해 부동산 시장의 변화를 가장 빠르게 동향 파악을 할 수 있어야 한다. 기본적으로 부동산 책은 지식을 주고 성공자의 경험담을 간접적으로 체험할 수 있게 한다. 우리가 살아가는 이 시대에는 부자로 가는 길을 안내해주는 책들이 너무나도 많다. 하지만 제대로 받아들이지 않는다. 부자가 되는 길은 힘들고 어려워서가 아니라 강한 의지와 꾸준한 습관이 이루어지지 않기 때문이다.

과정을 무시하고 단계를 거치지 않고
한꺼번에 결과를 만날 수 있다고 착각해서는 안 된다.
급하게 하면 탈이 나기 마련이다.

부동산 투자를 먼저 하는 것이 아니라 제일 먼저 공부를 해야 한다. 돈을 가지고 투자를 하면 돈을 벌 것 같지만 부동산에 대한 기본 지식이 없으면 투자하면서 피 같은 돈을 잃을 수도 있다.

부동산 책을 많이 읽어보고 기본적인 용어 정리를 해봐야 한다. 그렇게 해야 부동산에 대한 이해가 빨라지고 분별력을 가질 수 있다. 지금도 많은 사람들은 제대로 공부를 하지도 않은 채 수익률이 좋다는 말만 믿고 투자를 한다. 피해를 보는 건 너무나 당연하다. 이런 사람들은 걸음마를 배우는 어린아이가 제대로 걷지도 못하면서 뛰고 싶어 하는 것과 같다. 부동산 책부터 읽어 기본적인 베이스를 깔아야 한다.

책을 읽어 기본 지식이 있어야 현장에서 분별할 수 있는 능력이 생긴다. 공부를 하지 않고 일반 투자자들을 따라 해서는 절대로 부자가 되지 못한다. 부자로 행복한 삶을 살고 싶다면 아주 기본적인 부동산 책부터 읽어야 한다는 것을 명심해야 한다. 무슨 투자든지 제대로 배워야 원하는 좋은 결과를 만들 수 있다. 과정을 무시하고 단계를 거치지 않고 한꺼번에 결과를 만날 수 있다고 착각해서는 안 된다. 급하게 하면 탈이 나기 마련이다.

나는 많은 부동산 책을 미친 듯이 읽었다. 그런 과정 덕분에 부동산에 대한 확신을 가지고 부동산 투자를 꾸준하게 했다. 지금까지 부동산 투자를 이끌어온 원동력이 되었다. 정말 부동산 부자가 되겠다고 마음을 먹었다면 멈추지 말고 오늘부터 당장 부동산 책부터 읽기 바란다. 부동산 책이 당신이 부자로 가는 나침반 역할을 할 것이다.

## 기적의 부동산 재테크 노트

**부동산에 대한 선입견을 무너뜨려야 부자가 된다**

부동산에 대한 지식이 없어도 부동산 투자에 대한 인식을 바로잡아야 한다. 부동산에 대한 선입견을 가지고 있으면 어떤 좋은 정보를 줘도 관심을 가지지 않아 좋은 기회를 놓치게 된다.

부동산에 대한 지식은 배우면 되기 때문에 부동산 투자에 대한 마음이 열려 있어야 기회를 잡을 수 있다. 부동산과 담을 쌓으면 우리나라에서 부를 이루기가 힘들다.

# 02 내 집 마련이 첫 부동산 공부다

금융은 돈이 마침내 사라질 때까지
이사람 저사람 손으로 돌리는 예술이다.
— 로버트 샤노프

**부동산에 대한 생각만 바꾸면 더 행복해진다**

나는 가난한 삶에서 벗어나기 위해 악착같이 돈을 모았다. 예전엔 빚이 많아 남들처럼 적금을 많이 들 수가 없었다. 빚을 갚아가면서 가정생활을 하다 보니 돈이 잘 모이지 않았다. 열심히 벌어 몇 백이 모이자마자 금세 돈 들어갈 일이 생겨 나의 마음을 허탈하게 만들곤 했다. 하지만 가난한 삶에서 해방되기 위해 내가 할 수 있는 일은 그 무엇이라도 해야 했다.

아이가 어려서 직장에 나갈 형편이 되지 않아, 집에서 할 수 있는 부업을 선택했다. 밥 먹는 시간만 빼고 열심히 했지만 내가 일하는 시간에 비해 수입은 턱없이 적었다. 다른 방법을 찾아야만 했다. 아이를 어린이집에 맡기고 낮에는 식당에서 서빙을 하고 저녁에는 자동차 부품에 전선 끼우는 일을 했다. 하지만 나는 만족하지 못했다.

동네에서 가까운 회사에 취직을 했다. 하루 종일 서서 휴대폰 조립을 하면서 일을 했지만 안정적인 월급을 받을 수 있어 좋았다. 남편과 나는 맞벌이를 했다. 그러나 한 달 수입이 많지 않았다. 당시에 남편은 신용불량자라 제대로 된 직장을 구할 수가 없었다. 대리운전 하면서 빚을 갚고 있었기 때문에 내가 벌어오는 월급으로 아이를 키우고 생활을 해야 했다. 좀처럼 나아지지 않는 형편에 나는 점점 지쳐갔다.

그럴 때마다 딸아이의 얼굴을 보며 마음을 추스르곤 했다. 딸아이는 엄마가 힘들다는 것을 알아채고 고사리 손으로 땀을 뻘뻘 흘리면서 몸을 주물러줬다.

"엄마, 힘내! 아프지 마! 수빈이가 크면 돈 많이 벌어줄게."

애교를 떨었다. 그런 딸의 모습을 보며 다시 힘을 냈다. 딸아이는 학년이 올라갈수록 아파트에 이사를 가고 싶다고 자주 이야기를 했다. 어느 날은 책가방을 맨 아이가 뾰로통한 얼굴로 집 안으로 들어왔다.

"엄마, 우리도 아파트에 이사 가자! 효민이네는 집 근처 아파트로 이사를 간대. 우리도 가자! 나도 아파트에서 살고 싶어, 응!"

"수빈이 아파트에서 살고 싶구나. 알았어. 조금만 기다려! 곧 아파트로 이사 가자. 알았지? 기분 풀고 웃어야 예쁘지!"

가난한 형편에 제대로 키우지 못한 아픔이 있는 아이다. 마음이 더 쓰였다. 엄마인 나도 좀 더 나은 환경에 살고 싶은 건 당연하다. 아이의 마음이 충분히 이해가 되었다. 나는 더 이상 미룰 수가 없어 그동안 모은 2천만 원으로 아파트에 이사를 갈 수 있는지 알아보기 위해 부동산을 찾아갔다. 혼자서 해결하지 못한 일을 부동산을 찾아가니 쉽게 해결되었다. 가지고 있는 돈을 솔직히 얘기해서 돈에 맞게 월세로 알아보았다. 보증금 2천만 원에 월세 38만 원으로 계약을 하고 아파트에 이사를 가게 되었다.

이사를 하고 첫날 밤에 딸에게 물었다.

"수빈아 아파트에 이사 오니 좋지?"

"응 좋아, 엄마."

뜻밖에 딸은 무덤덤하게 대답했다. 아주 좋아할 거라고 생각했는데, 약간 실망스러웠다. 며칠 후 아이의 책상을 치우다가 일기장을 보게 되었다. 일기장에는 이렇게 적혀 있었다.

'오늘 이사를 했다. 하늘을 나는 것처럼 기분이 최고였다. 너무 행복하다!'

너무 좋았지만 부끄러워서 제대로 표현을 하지 않았던 것이다. 아파트에 이사 오기를 잘 했다는 생각과 함께 앞으로 더 잘 살아야겠다는 마음을 다졌다. 비록 월세이지만 환경이 바뀌자 마음가짐과 생각이 긍정적으로 바뀌는 걸 느꼈다. 아이의 얼굴도 많이 밝아졌다. 나의 결정이 옳았다는 생각이 들었다. 그 순간 더없이 행복했다.

### 내 집 마련은 빠를수록 좋다

1년을 살다 보니 월세나 보증금을 올려달라고 하면 어쩌나 걱정이 되기 시작했다. 2년마다 이사를 가든지 아니면 보증금을 주인이 원하는 대로 올려줘야 한다. 이사 비용도 만만치 않고 우리가 원하는 가격대에 월세 아파트를 찾기도 힘들겠다는 생각이 들었다.

한편으로는 아파트에서 살다가 다시 빌라로 돌아갈 수는 없다는 생각에 방법을 찾아야 했다. 부동산을 찾아갔다. 지금 가진 보증금으로 아파트를 매매할 수 있는지 물어보고 대출은 얼마까지 가능한지 알아보았다. 70%까지 가능하다고 이야기했다. 내가 가진 돈은 보증금 2천만 원이 전부였다. 최대한으로 싼 급매물을 잡아야 했다. 부동산 소장님에게 시세보다 싼 급매물이 나오면 연락을 달라고 했다.

얼마 후 매물이 나왔다고 연락이 왔다. 가격 흥정이 잘 진행되어 내가 원하는 가격으로 대구 동변동에 소형 아파트 23평을 매매했다. 시세가 1억 2천만 원인데 급매로 9천6백만 원에 매매를 할 수 있었다. 대출 이자는 어차피 월세 나가는 돈에서 충당하고도 남았다. 이 모든 것이 2천만 원의 종잣돈이 있었기에 가능했다. 어렵게 모은 2천만 원이 우리 가족에게 새로운 희망을 선물해주었다. 더 이상 이사를 가지 않아도 되고 집 주인 눈치를 보지 않아도 되는 소유권자가 되었다.

태어나서 처음으로 내 집을 가지는 행복감은 이루 말할 수 없다. 다른 사람들과 똑같은 생각을 하지 않고 내가 원하는 목표에만 집중을 해서 이루었다는 생각에 자신감이 생겼다.

2천만 원으로 내 집을 마련한 일은 신의 한 수였다. 3년이 지나자 무서운 속도로 아파트 가격이 올라 시세차익을 많이 보게 되었다. 단기간에 돈이 불어나는 경험은 나에게 신선한 충격이었다. 내 집을 갖고 싶어 마련했을 뿐인데 생각지도 못한 시세차익으로 자산이 불어났다. 그 때 투룸 빌라에서 현실에 안주하며 신세한탄만 하고 살았더라면 이런 행복감을 느낄 수 있을까? 어림도 없다. 보증금과 월세에 스트레스를 받으며 세상을 원망하며 가난과 씨름하면서 살아가고 있을 것이다.

내 집 마련으로 부동산은 나에게 부를 가져다줄 수 있는 도구라는 확신이 생겼다. 이런 계기가 없었더라면 지금의 나는 존재하지 않을 것이다. 내 집 마련이 나의 첫 부동산 공부였다. 그 경험을 바탕으로 부동산 투자를 시작하게 되었고, 모든 생활과 환경을 바꾸어놓았다. 자신의 이름으로 된 등기를 가져보면 나의 마음을 이해할 것이다. 제일 먼저 내 집 마련을 해보길 권한다. 세상이 달라져 보일 것이다.

A씨가 말한다.

"집을 사서 가격이 오르면 뭐 해! 집을 팔아야 돈이 있지, 어디 가서 살라고!"

나는 그런 말을 들을 때면 답답하다. 자신의 자산 가치가 올라가는데 얼마나 행복한 일인가? 집을 팔든 안 팔든 가격이 오르면 좋다. 예를 들어 은행에 2억이라는 돈을 넣어놓으면 이자가 몇 푼이나 받을 수 있을까? 아니면 전세로 집주인에게 2억을 2년 동안 맡겨놓으면 얼마를 받을 수 있을까? 한 푼의 이자도 없이 원금만 돌려받는다.

자신이 전세로 살고 있던 집이 많이 올라도 세입자에게 돌아가는 수익은 없다. 더 이상 이런 멍청한 짓을 하지 않길 바란다. 가족과 살 수 있는 집은 빨리 장만할수록 좋다. 내가 가진 집 가격이 오르면 팔고 시세차익으로 필요한 곳에 쓸 수도 있고 대출을 조금만 더 받아 더 넓은 집으로 이사를 갈 수 있는 방법도 있다. 대부분 부정적인 사람들은 지금 가진 것에 대해서만 지키려고 하는 경향이 강하다. 답답하고 부정적인 마인드에서 제발 깨어나길 바란다.

부동산 공부를 하면서 많은 책을 읽었다. 부동산 부자들 가운데 대부분은 내 집 마련을 시작으로 부동산 투자에 뛰어들어 성공을 하고 부자가 되었다. 자신의 집을 갖기 위한 노력으로 공부도 하고 싶은 절실함을 가지고 알뜰살뜰 돈을 모으면서 집에 대한 애착을 가진다.

내 집 마련으로 돈의 흐름과 재산이 불어나는 것을 경험하면 부동산 투자가 어렵고, 두렵고, 힘들다는 생각이 사라지게 된다.

부동산 투자! 겁낼 필요 없다. 내 집 마련도 부동산 투자다!

부동산 투자! 겁낼 필요 없다. 내 집 마련도 부동산 투자다!

내 집 마련으로 부동산 공부를 제대로 해보길 바란다. 그 어떤 투자보다 안전한 투자가 부동산이다. 그리고 당신을 빠르게 부자의 길로 안내할 것이다. 제대로 공부를 하고 부동산 보는 안목을 기르게 되면 지금까지 당신이 보지 못한 새로운 세상을 보게 될 것이다.

## 기적의 부동산 재테크 노트

### 내 집 마련도 투자다!

부동산 규제정책으로 투자하는 사람들도 움츠리고 있다. 많은 사람들이 집값이 "폭락할 거야! 더 떨어지니깐 좀 더 있다가 사야 돼!"라고 말한다. 하지만 그런 생각을 안 하는 게 맞다. 우리나라 경제에 부동산이 폭락을 하면 엄청난 타격이 오기 때문에 정부의 어느 누구도 그렇게 되도록 내버려두지 않는다.

말도 안 되는 소문만 믿고 내 집 마련을 미룬다면 내 집 마련을 영원히 할 수 없을 지도 모른다.

부동산 투자든 내 집 마련이든 빨리 시작하라!

# 03 부동산으로 월세 시스템을 만들어라

돈은 지혜로운 사람의 노예이자 바보의 주인이다.
— 세네카(로마의 철학자, 정치가)

## 수익형 점포주택지를 눈여겨보라

많은 사람들은 자신이 일을 하지 않아도 돈이 들어오는 고정적 수입을 만들기를 꿈꾼다. 우리가 죽을 때까지 함께 하는 것이 돈이기 때문이다. 경제적인 문제가 해결되지 않으면 삶이 피곤해진다. 돈에 쫓기며 자신이 하고 싶은 일은 항상 미루게 되고 삶의 여유로움은 찾아볼 수 없다. 이러한 삶은 많은 사람들을 힘들고 고통스럽게 만든다.

행복하게 잘 살고 싶어 돈을 벌지만 정작 돈을 버는 많은 사람들은 행복하지 않다. 겨우 한 달을 먹고살 정도의 돈을 벌면서 많은 것을 희생한다. 가족들과 함께할 시간과 자유로운 삶을 뺏기며 살아가고 있다. 틀에 박힌 생활을 하면서 겨우 자투리 시간을 가지고 가족과 시간을 보낸다. 쥐꼬리만한 월급으로는 하고 싶은 일과 갖고 싶은 것을 마음껏 누리지 못한다. 내가 스스로 선택하고 결정할 수 있는 삶을 살기 위해서는 변함없는 생활에서 벗어나야 한다.

나는 지친 몸과 마음으로 매일 힘들다는 말을 입에 달고 살았다. 그럴수록 자신이 더 싫어지고 삶의 의욕마저 떨어져 삶은 고통의 연속이었다. 지금 살고 있는 생활이 더 이상 변화하지 않고 발전이 없다면 자신을 점검하고 다른 방향을 찾아봐야 하지만 새로운 무언가를 한다는 것이 두려웠다. 돈을 많이 벌고 싶다는 생각은 했지만 돈을 벌 수 있는 행동은 하지 않았다. 많은 사람들은 자신이 살고 있는 현실이 답이 없다는 것을 알지만 쉽게 방향 전환을 하지 못한다.

부동산 투자를 알게 되면서 망설임과 걱정이 많던 나는 새로운 모습으로 바뀌게 되었다. 부동산 투자로 인생이 바뀔 수 있다는 확신이 들면서 투자에 집중했다. 누구나 부동산으로 월세 시스템을 만들어갈 수 있다. 사람들은 어떻게 하는지 방법을 모를 뿐이다. 얼마 전 지인 C씨는 부동산으로 매달 월세가 나오는 수익형 부동산을 사고 싶어 했다. 오피스를 여러 개 사서 돌려도 되고, 상가, 다가구, 아파트, 점포주택 등을 구입해서 월세수익 구조를 만들어도 된다. 여러 방법이 있지만 지인 C씨에게 점포주택을 지어서 세를 놓으면 좋겠다고 조언을 줬다. 지인은 점포주택지를 짓는다는 말에 돈이 많이 들어가는 것은 아닌지 물었다. 차근차근 설명을 해줬더니 얼굴이 환해지면서 당장 짓고 싶다고 했다.

경기도에 땅을 사서 4층 건물을 지으면 1층 상가에 점포 3개가 나오고 나머지 4층까지 6개 룸을 만들면 충분하게 월세 시스템을 만들 수 있다. 지인의 경우 1층 점포보증금 1억 5천만 원에 월세 170만 원으로 점포 3개에서 510만 원의 월세가 나온다. 그리고 6개 룸에서 전세금 6억 원으로 집 지을 때 들어간 돈을 갚고 처음에 받은 대출금 3억 5천만 원에 대한 이자 200만 원도 안 되기 때문에 이자를 갚고도 310만 원이 남는다. 예를 들어 전세를 월세를 돌릴 경우에는 월세 수입이 1천만 원이 넘는다. 건물을 짓고 월세를 받고 있는 C씨는 이렇게 적은 돈으로 점포주택지를 가질 수 있다는 것에 놀랐다. 그리고 꿈 같은 생각이 현실로 이루어질 수 있게 되어서 고맙다고 했다. 실투자금 1억 5천만 원~2억 원을 가지고 매달 월세가 나오는 건물주가 될 수 있는 것이다. 부동산에 대해 어렵게만 생각하지 말고 전문가를 찾아가면 쉽게 해결이 된다.

대부분 사람들은 점포주택지는 돈이 많아야 된다고 생각한다. 물론 건축물을 올리려면 많은 돈이 들어간다. 하지만 토지에 대한 융자를 80%

받을 수 있고 건축물을 올릴 때 후불 방식으로 건축비를 지불하는 방법도 있다. '임대가 안 나가면 어떡하지?'라는 생각이 들 수도 있다. 하지만 계약서를 작성할 때 '임대완료까지'라고 미리 특약을 다 마련하기 때문에 걱정하지 않아도 된다. 어렵다고 느낀 건물주이지만 되는 방법을 알면 알수록 대단한 보물이라는 사실을 깨닫게 된다.

**오피스 소액 투자로 월세 받는 시스템 만들기**

부동산으로 월세 받는 시스템은 조금만 관심을 가지면 쉽게 만들 수 있다. 작년에 오피스 1채를 계약했더니 무이자로 중도금을 치를 때마다 부가세가 환급이 되어 통장에 꼬박꼬박 들어온다. 한 채에 실투자금 1천만 원 투자해서 대출 이자를 내고도 30만 원이 내 손에 들어온다. 은행에 1천만 원을 넣어두면 한 달 이자가 2%, 비과세하면 1만 6천 원 정도다. 물가 상승률과 비교하면 이자가 없다고 봐야한다.

나는 이때를 계기로 오피스에 관심이 꽂혔다. 동탄에 교통과 인프라가 잘 갖춰진 곳에 오피스 분양이 있어 지인과 동생들에게 동탄의 랜드마크가 될 오피스에 투자를 하라고 권했다. 대구 수성구에 사는 K씨와 현풍에 사는 B씨는 분양가가 1억 3천만 원에 계약금 10%, 1천3백만 원으로 각각 오피스를 1채씩 계약을 했다. 그리고 동생들도 총 4채를 계약했다. 정부에서 지원하는 사업으로 대출이 80%가 되고 중도금 전액 무이자로

지금껏 살아오면서 당연하다고 받아들인 가난한 생각과
가난한 환경에서 벗어나야 한다.

실투자금 소액으로 가능한 투자다. 나는 잘 아는 동생 민주에게 소개를 시켜주었다. 민주는 전직 은행 출신이라 계산이 빨랐다. 너무 괜찮다고 몇 개 더 사도 되는지 물었다.

"은화 언니, 정말 1천3백만 원으로 오피스 한 채를 살 수 있단 말이지? 근데 잔금은 어떻게 해? 입주 들어갈 때 돈 다 마련해야 하지?"

"아니, 입주할 때 보증금 받아 해결해도 되고 부가세 환급 들어온 것 모아서 나중에 보태도 되지, 몇 채 하면 부가세도 꽤 많아, 이건 무조건 잡아야 해."

"응, 언니 여유가 있음 10채 정도 사서 돌리고 싶어! 1억 정도 투자하면 한 달에 월세만 300만 원이 넘는다."

내가 아는 지인들에게도 정보를 줘서 몇 명이 계약을 했다. 이런 좋은 투자처를 가르쳐줘서 감사하다고 했다. 동생과 지인들이 행복해하는 모습을 보니 뿌듯했다. 하지만 어떤 지인은 아무리 설명을 해도 알아듣지 못했다. 1천만 원을 투자해서 혹시 손해를 볼까봐 결정을 내리지 못했다. 그런 사람에게는 더 이상 권하지 않는 게 좋다. 잘되면 내 탓, 안 되면 남 탓 하는 사람이 대부분이다.

좋은 정보와 기회가 와도 알아볼 수 있는 안목과 지식이 있어야 부자

되는 길을 빨리 갈 수 있다. 누가 조언을 주면 알아보기라도 해야 한다. 좋은 기회를 놓쳐버리고 시간이 지난 후에 후회를 해도 소용없다.

부동산으로 월세 시스템을 만드는 것은 돈이 많아야 된다고 생각하는 사람들이 대부분이다. 그러나 이제는 생각을 바꾸어야 한다. 자신의 생각을 바꾸고 부동산 투자를 해야 더 나은 삶을 살 수 있다. 부자로 행복하게 살고 싶다면 부동산으로 눈을 돌려 월세 시스템을 만들어야 한다. 언제까지 노동으로만 돈을 벌어서 살아야 할까? 부동산 투자를 하지 않으면 무덤에 갈 때까지 육체노동을 하고 살아야 할지 모른다. 죽을 때까지 이러한 삶을 원하는 사람은 많지 않을 것이다. 부동산은 내가 일하지 않아도 돈을 벌어준다.

돈 걱정 없이 하고 싶은 일을 하면서 살 수 있는 방법은 부동산 투자 밖에 없다. 경제적 여유와 시간적 자유를 누릴 수 있게 해주는 재테크는 부동산이다. 부동산을 모르면 가난한 삶에서 벗어나지 못한다. 돈이 없을수록 부동산과 친하게 지내야 한다. 부자로 만들어줄 수 있는 유일한 도구이기 때문이다.

지금껏 살아오면서 당연하다고 받아들인 가난한 생각과 가난한 환경에서 벗어나야 한다. 부자들이 생각하는 방식과 습관을 습득해야 한다. 절박하지 않으면 어떤 것도 이루어지지 않는다. 부동산 투자에 집중하고 몰입해서 부동산으로 월세 받는 시스템을 만들어야 한다.

## 기적의 부동산 재테크 노트

### 실천과 행동이 답이다

부동산으로 부자가 된 사람만 쳐다보지 말고 자신이 어떻게 움직여야 하는지 생각해봐야 한다. 지금 시대에는 본인이 원하면 얼마든지 정보와 지식을 얻을 수 있다. 우리는 인터넷 시대에 첨단생활을 즐기면서 산다.

부동산 부자가 되는 방법은 여러 경로를 통해 알 수 있다. 하지만 많은 사람들은 여전히 지식만 채우려고 하고 자신의 것으로 흡수하지 않는다. 무슨 일이든지 성공하려면 실천이 중요하다. 지금 즉시 행동을 시작하라!

# 04 직장이 있을 때 부동산 공부를 하라

저금을 하는 대신 자기 자신에게 투자하라.
– 헨리 포드(미국의 자동차 왕)

**부동산 투자로 새로운 돌파구를 찾아라**

현대인들은 자의든 타의든 직장에서 퇴사하는 시기가 희망하는 시기보다 조기에 이루어지는 경우가 대부분이다. 퇴사는 곧 은퇴라고 할 수 있다. 자신이 생각한 은퇴보다 빠르게 은퇴를 하게 되면 심리적으로 압박을 느끼게 된다. 미리 준비하지 못한 채 시간적 자유가 주어진다면 오히려 더 고통스러운 삶을 살게 된다.

우리는 모두 행복한 노후를 꿈꾼다. 경제적으로 부유한 노후를 살고 싶고 젊은 시절에 시간이 부족해 마음대로 다니지 못한 여행도 하고 싶고, 그동안 마음만 있었지 해보지 못한 취미생활을 하면서 편안한 노후를 보내고 싶을 것이다. 하지만 현실은 꿈과 너무 다르다. 갑작스러운 실직이나 질병으로 인해 직장생활을 할 수 없게 되면 경제 활동이 어렵게 된다. 세상은 내가 원하는 대로 돌아가지 않는다. 어려움과 시련은 언제 어디서 어떻게 마주할지 모른다. 내가 움직이지 않아도 경제적으로 생활에 타격을 받지 않도록 해야 한다. 미리 계획하고 준비하지 않으면 불행한 미래를 마주하게 된다.

오랜 직장생활로 지쳐있던 나는 부동산 투자를 만나면서 미래를 그리게 되고 희망을 찾을 수 있었다. 직장생활은 고여 있는 물과 같다. 시간이 지나면 증발하거나 물이 썩게 된다. 늘 같은 공간에서 반복된 일상으로 살면서 넓은 세상을 보지 못한다. 당장 내 앞에 놓여있는 현실에 만족하고 살게 만드는 아주 작은 틀에 지나지 않는다. 아무리 열심히 일을 해도 달라지지 않는 인생이다. 변화되지 않는 모습이 나를 답답하게 한다.

직장생활에서는 도저히 벗어나지 못한다는 것을 나는 깨달았다. 지금 내가 무언가를 하지 않으면 평생 돈의 노예로 끌려다녀야 한다. 생각만 해도 끔찍하다. 여태까지 회사생활로 육체적, 정신적으로 지칠 대로 지친 나는 탈출구를 만들어야 했다.

남들은 미래를 위해서 돈을 모으고 저축을 하지만 나는 어느 정도 종잣돈이 모이는 대로 부동산 투자를 했다. 친구들과 지인들은 계모임이나 여행을 다니며 즐길 때에 부동산 공부를 했다. 주위 사람들은 자신들과 함께하지 않는다고 서운해했지만 미래를 위해서 잠깐의 쾌락과 즐거움을 물리치고 내가 원하는 목표를 향해 달려야 한다. 회사생활에서 번 돈을 쪼개어 가족들과 한평생을 쪼들린 삶을 산다는 것은 한 줄기 빛도 없이 깜깜한 동굴을 걸어가는 것과 같다.

나는 사무직이 아니라 현장에서 일을 하니 잠시도 쉴 틈이 없었다. 유일하게 화장실에 갔다 오는 2~3분을 빼면 집에 갈 때까지 육체노동에 시달려야 한다. 잠깐 일을 손에서 놓고 화장실 갈 때면 하나님께 기도를 한다.

"빨리 감옥 같은 회사에서 벗어나 자유롭게 내가 원하는 일을 하면서 살게 해주세요."

그 정도로 일이 힘들었고 싫었다. 부동산 공부를 하면서 나는 더 큰 것을 보았다. 비록 이렇게 힘들게 일을 하고 있지만 지금부터라도 열심히 부동산 공부를 한다면 얼마든지 여기서 벗어날 수 있겠다는 생각을 했다. 부동산 서적과 경제 신문, 인터넷, 강의를 들으면서 힘든 상황을 즐겁게 웃으면 일을 할 수 있게 되었다. 부동산 공부는 마음을 다잡는 데 많은 도움이 되었다. 더 이상 미래가 없는 내가 아닌 당당하게 나 스스로 창살 없는 감옥에서 걸어 나갈 수 있는 자신감이 생겼다.

### 나는 시련을 부동산 투자로 이겨냈다

꿈에도 생각지 못한 일이 우리 가족에게 일어났다. 남편이 대장암 3기로 수술을 하고 항암치료까지 끝냈지만 또 다시 간으로 전이가 되면서 하늘이 무너지는 감당하기 어려운 시련을 겪었다. 모든 힘든 일들은 예고 없이 갑자기 찾아온다. 가족 중에 한 명이라도 아프면 온 가족이 우울해진다. 나 또한 어떻게 헤쳐나가야 할지 몰랐다.

한순간에 가장이 되었고 남편 암 투병에 병간호를 해야 했기 때문에 하루아침에 모든 것이 바뀌어버렸다. 처음에는 눈물로 하루하루를 보냈다.

'왜? 나에게는 이런 힘든 일만 생기는 건가!'

하늘이 원망스럽기도 했다. 그러나 바로 정신과 마음을 추스르고 가족의 생계를 위해서 열심히 직장생활을 했다. 그리고 아이를 키우며 남편을 돌봤다. 위기를 겪게 되면 우리를 가장 힘들게 하는 것이 돈이다. 월급으로 돈을 모으기는 쉽지 않다. 대부분의 아내들은 남편이 직장을 다니지 못하게 되면 생계에 타격이 심하다. 돈으로 인해 가족의 불화가 생기기도 한다.

다행스럽게도 나는 직장에 다니면서 꾸준히 부동산 공부와 투자를 했기 때문에 갑작스러운 위기가 닥쳤지만 경제적인 문제가 잘 해결되었다. 매달 들어오는 월세와 만기가 되면 올려 받는 보증금으로 병원비도 해결할 수 있었다. 직장에 다니면서 남편 병간호를 했지만 우울한 생각은 들지 않았다. 남편은 자신이 병에 걸렸다는 것보다 다른 것으로 더 힘들어했다.

'가족들에게 짐이 되지 않을까?'
'나 때문에 경제적 부담이 커져서 힘들게 되지 않을까?'

그렇지만 경제적인 부분이 해결이 되니 한결 얼굴이 밝아졌다. 가족을 위해서 건강식으로 식단을 바꾸고 꾸준히 남편의 운동을 챙기면서 지금은 행복하게 지내고 있다. 부동산 투자는 우리가 건강을 되찾게 해주었고 그동안 흘린 가족들의 눈물을 닦아주었다. 만약에 부동산을 몰랐더라면 어떻게 되었을까?
'우리 가정이 지금처럼 행복을 유지하면서 즐겁게 살 수 있었을까?'

부동산 투자는 우리가 건강을 되찾게 해주었고
그동안 흘린 가족들의 눈물을 닦아주었다.

많은 사람들은 지금 가정이 편안하고 아무 일이 생기지 않았다고 해서 미래의 자신에게 닥쳐올 일들을 잊어버리고 현실에 안주하며 살아간다. 남들이 겪는 일은 나에게 일어나지 않을 거라고 안심하고 지낸다.

하지만 세상을 살다 보면 운명은 우리의 생각대로만 흘러가지는 않는다. 언제 나에게 예고 없는 실직이 닥칠지 모른다. 또한 갑작스런 병으로 인해 노동력을 상실하게 되어 경제력을 잃어버리게 될지 알 수 없다. 우리는 점점 나이를 먹게 되고 노동력은 떨어지게 되면서 사회생활을 하지 못하게 된다. 지금의 젊음과 직장을 믿고 현실에 안주하게 된다면 나중에 닥쳐올 미래는 대재앙이 될 것이다.

대부분 사람들은 아침마다 가기 싫은 직장에 특별한 희망도 없이 출근을 한다. 한 달 월급을 위해 상사의 눈치를 견디며 하기 싫은 저녁 회식을 한다. 주말에는 아이들과 행복한 시간을 갖는 대신 직장에 나가 일을 하기도 한다. 이런 생활에서 탈출할 수 있는 길은 부동산 부자가 되는 것이다.

아직 몸이 건강하고 직장에 다니고 있는 지금 부동산 공부를 해야 한다. 부동산 투자에 대한 생각을 바꾸고 제대로 공부를 해야 삶이 달라진다. 그러지 않은 이상 가난한 월급쟁이에서 벗어나지 못한다. 언제까지 내가 원하는 삶이 아닌 통장에 남은 잔액을 신경 쓰며 한숨만 나오는 인생을 살아야 하는지 생각해봐야 한다.

우리에게는 단기간에 부자의 길로 가는 부동산 투자가 있다. 부자의 문을 두드리기 전에 자신이 부자로 살겠다는 마음가짐과 믿음이 있어야 한다. 그런 희망으로 부동산 공부를 하면 쉽게 투자로 결과를 낼 수 있다.

나는 부동산 공부를 하면서 투자에 대한 확신이 섰다. 그 계기로 이론 공부와 실전 투자를 병행하면서 부동산 투자를 하기 시작했다. 어느 한 곳에 치우치지 않아야 한다. 이론 공부만 많이 한다고 해서 성공적인 투자를 하는 것도 아니다. 부동산 공부를 무시하고 '돈만 있으면 투자를 하면 되지!'라는 생각도 위험한 발상이다. 부동산 투자는 이론 공부와 현장을 다니는 실전 투자가 같이 이루어져야 더 빠르게 안목을 키우게 되며 돈 버는 기회를 잡을 수 있다. 부동산 공부라 해서 책으로만 한다고 생각하면 안 된다.

이론 공부만 계속하다 보면 정작 부동산 투자를 할 때에는 망설이게 되고 두려움으로 인해 투자를 포기하게 되어 부동산 투자와 멀어지게 된다. 어느 정도 공부를 했으면 적은 돈을 가지고라도 직접 투자를 해봐야 한다. 이러한 과정이 진짜 부동산 공부라 생각한다. 머릿속으로 생각만 하고 제대로 움직이지 않는 공부는 무용지물이다. 네이버 카페 '한국 부동산 투자 코칭협회'를 방문해 적극적으로 자신의 삶을 변화시키고, 풍요로운 미래와 더 나은 삶을 위해 실천하고 행동하라.

직장이 있을 때 부동산 공부를 시작하라.

## 기적의 부동산 재테크 노트

### 직장에 다니는 지금 당장 부동산 공부를 시작하라

많은 사람들은 돈의 노예가 되어 간신히 지탱하는 삶을 살아간다. 언제 꺼질지 모르는 촛불과도 같다. 현금흐름 없이 살아가는 우리의 삶은 언제 수입이 끊길지 몰라 불안하다.

불안함을 당연하게 받아들이게 되면 인생은 더 이상 발전하지 못한다. 미래에 대한 불안감에서 벗어날 방법을 끊임없이 생각하고 벗어나기 위해 노력해야 한다.

나중에 하려고 하지 말고 직장에 다니고 있는 지금부터 부동산 공부를 시작하라. 몸이 건강하고 시간을 조금이라도 낼 수 있는 마음의 여유가 있는 지금부터 부동산에 눈을 떠야 한다. 부동산이 당신을 미래를 밝혀 줄 것이다.

# 05 부동산 투자로 투잡을 하라

신은 인간을 낳고, 옷은 인간을 꾸민다.
돈이 인간을 완성시킨다.
- 존 레이

**회사는 내 인생을 책임져 주지 않는다**

현대인들은 직장에서 받는 월급만으로 살아가기가 힘든 세상을 살아가고 있다. 빠듯한 월급으로 보험료, 공과금, 학원비, 대출금 이자, 카드, 식비 등으로 쪼들린 삶을 산다. 이렇게 팍팍하게 살면서 아무리 아끼고 아껴도 수입의 얼마를 저축하기가 쉽지 않다. 그나마 마이너스 통장을 사용하지 않는 것만 해도 다행이다.

'제2의 월급을 받을 수 있는 곳이 있으면 얼마나 좋을까?'

직장인들은 누구나 이런 생각을 한 번쯤은 할 것이다. 경제적으로 부족한 부분을 채워준다면 좀 더 즐겁게 일을 할 수 있다. 월급은 딱 한 달 먹고살 정도 밖에 되지 않는다. 만약에 가정에 예상치 못한 일이라도 생기면 돈에 대한 압박은 아주 심해진다. 금전 부분의 스트레스가 엄청나다. 많은 사람들은 돈에 구속되어 살고 있다.

어떤 사람은 낮에는 직장에 다니고 밤에는 대리 운전을 한다. 아니면 편의점을 오픈했지만 장사가 잘 되지 않아 알바를 고용하고 자신은 치킨집에서 배달 운전을 하는 사장들도 생겨나고 있는 현실이다. 이런 모든 행위는 월급이나 수입이 생활을 충족해주지 못하니 어쩔 수 없이 제2의 생활전선에 뛰어드는 것이다.

이 세상의 가장들은 모두 어깨가 무겁다.

자식들은 자신의 삶을 닮지 않길 바라며 부모로서 뒷바라지에 온 힘을 쏟는다. 오로지 자식이 좋은 교육을 받고 안정적인 직장에 다니며 편안하게 살기를 바란다. 하지만 냉정하게 바라본 현실은 그렇지 않다. 아무리 좋은 직장을 다녀도 타인이 운영하는 회사는 언제 어떻게 될지 모른다. 자신이 원하든 원하지 않든 아무런 권한이 없기 때문에 늘 파리 목숨이다. 회사에 목숨 바쳐 일 한다고 해서 무엇으로 보상을 받을 수 있을까? 회사 사장의 배만 불리는 역할을 하고 결국 종착역은 노후 보장이 안 되는 퇴직일 뿐이다.

남편은 무엇이든 일을 맡으면 최선을 다하는 사람이다. 회사 일이라면 아무리 몸이 힘들어도 나가서 끝내야 한다. 또 자신의 일이 밀려 있으면 밥을 먹지 않고서라도 다 해야 하는 성격이다. 그래서 주위 사람들이 신경이 쓰이게 하는 부분도 있다. 그런 식으로 일을 하다 보니 식사 때를 놓치기 일쑤다.

이런 생활이 지속되면서 건강에 적신호가 왔다. 하루는 대변을 봤는데 피가 섞여 나온다고 했다. 언제부터 그랬냐고 물어보니 몇 달 되었다고 했다. 본인은 치질일 거라고 했다. 그 소리를 듣고 확인을 해봤더니 대변에 피가 많이 섞여 있었다. 나는 보는 즉시 병원에 가라고 했다. 하지만 남편은 회사가 바쁘다며 출근을 했다.

"수빈 아빠, 병원에 가서 검사 받아 보는 게 좋겠어. 그래야 안심이 되지. 하루 휴가내고 건강검진 싹 다 한 번 받아 보자. 응?"
"요즘 회사가 바빠서 휴가 내기가 좀 그래. 다음에 가볼게."
"아휴, 참! 지금 회사가 문제야? 나도 모르겠다. 자기가 알아서 해!"

나는 속이 상해서 짜증을 냈다. 저런 상황을 보고도 말이 그렇게 나오는지 이해가 되지 않았다. 자신이 일시적으로 그런가 보다 생각을 했던 것 같다. 그러고도 한참이 지난 어느 날 남편이 근무 도중에 배가 너무 아파서 집에 간다고 연락을 했다. 그 순간 불안감이 밀려왔다. 다음날 남편과 병원을 찾아 내시경 검사를 했다. 검사를 마치고 검사 결과를 보는 순간 눈앞이 캄캄했다.

남편은 대장암 3기 판정을 받았다. 그제야 우리는 얼마나 잘못된 생각으로 살았는지를 깨달았다.

자신의 몸을 돌보지 않고 회사에 충성했지만 회사를 그만두게 되면 자신과는 아무런 관계가 아니다. 열심히 일하고 고생했다면서 먹고살라고 통장에 돈이라도 꽂아줄 것 같은가? 어림도 없다. 바로 안면몰수다. 한마디로 노예로 살다가 쓸쓸하게 퇴직을 하는 것이다. 그 자리에 다른 사람을 곧바로 채용해서 회사는 멀쩡하게 잘 돌아갈 것이다.

많은 직장인들이 그런 회사만 믿고 살아간다는 것은 엄청난 실수를 하는 것이다. 우리의 인생은 다른 누가 아니라 바로 자신이 챙겨야 한다. 아무도 대신할 수 없다. 현실에 안주하면서 살아서는 안 된다. 직장을 다니면서 다른 노동을 하지 않고 투잡을 할 수 있는 최고의 도구를 찾아야 한다. 오늘의 행복이 내일과 미래를 계속 보장하는 것이 아니다. 우리가 살아가고 있는 삶에는 많은 변수가 존재한다. 미리 알 수는 없지만 준비는 할 수 있다. 내가 아프고 움직이지 못해도 나를 대신 해주는 존재는 부동산이다.

불안한 미래를 위해서는 반드시 내가 부동산을 소유하고, 그 부동산이 알아서 일하게 만들어야 한다.

### 불안한 미래 부동산 투자는 필수다

나는 부동산 투자로 투잡을 했기 때문에 힘든 시기를 잘 이겨낼 수 있었다. 둘이 맞벌이를 하지만 항상 돈은 부족했다. 그 부족한 경제적인 부분을 채우고 싶었다. 하지만 늘 변함없는 삶은 나를 더 힘들게 했다. 그래서 더 발전적이고 생산적인 일을 찾을 필요가 있었다. 나는 부동산 투자를 선택을 한 것이다. 회사에서 쉬는 시간에 짬짬이 부동산 업무를 봤다.

주로 공인중개사를 통해서 일을 하니 회사생활을 하면서 해도 충분히 잘 할 수 있다. 주말에 약속을 잡아 물건을 보러 다니면 된다. 나에게 아무도 참견을 하지 않는다. 물건 보는 안목과 정보만 있으면 된다. 모든 일은 거의 전화로 이루어지고 현장에 갈 일이 있을 때는 편한 시간을 잡

제2의 월급을 부동산으로 준비한다면 당신의 미래에 무지개가 뜰 것이다.

으면 된다. 부동산 투자는 시간에 투자를 하는 것이기 때문에 매일 집을 사고 파는 게 아니다. 부동산으로 투잡을 하기에 아주 좋다.

자영업을 하는 사람들도 미래가 불안하기는 마찬가지다. 자신이 움직여야 수입이 생기는 구조다. 다시 말해 일을 하지 않으면 생산이 되지 않아 수익 창출이 되지 않는다. 많은 사람들이 이런 문제로 불안해하며 살아간다. 이런 불안함을 해소하기 위해 부동산 투자로 투잡을 하는 사람들은 소수에 불과하다. 부동산에 대한 이해가 부족하기 때문에 아예 부동산 투자를 쳐다보지 않는 사람들이 더 많다.

사람은 아는 만큼 보이고 아는 만큼 행동한다. 인간은 가보지 않은 길을 두려워하는 속성이 있다. 부동산 투자를 위해서는 가보지 않은 길을 가려는 용기와 끊임없는 정보 수집과 공부를 함께 해야 한다.

세상 사람들은 부자가 되고 싶다는 꿈은 누구나 가지고 있다. 급여 걱정 없이 안정적이고 편안한 삶을 희망한다. 현실에서 단기간에 수익을 올리고 투자할 만한 것 중에서는 부동산이 최고다. 가장 안전한 투자로 부자들에게는 부동산만한 것이 없다. 부자들은 사업을 해서 돈을 벌면 그 돈을 다시 부동산에 투자를 해서 자산을 불려간다.

우리는 부자들이 하는 행동과 습관을 따라만 해도 부자로 가는 지름길을 알 수 있을 것이다.

더 이상 아등바등 살지 않도록 부동산으로 투잡을 해야 한다. 지금처럼 남의 인생에 지배 받는 삶을 살지 않아야 한다. 스스로 내 인생을 지켜야 한다. 지금 어떤 일을 하더라도 부동산 투자를 해야만 남은 인생은 가족들과 행복한 삶을 살 수 있을 것이다. 나 스스로 달라지지 않는다면 지금보다 미래가 더 힘들어지게 된다. 한 달 월급에 만족하는 삶에서 하루 빨리 깨어나야 한다. 제2의 월급을 부동산으로 준비한다면 당신의 미래에 무지개가 뜰 것이다.

## 기적의 부동산 재테크 노트

**부자가 되는 습관과 행동이 부를 부른다**

회사를 믿고 평생 일하던 시대는 지났다. 정년퇴직 시기가 점점 빨라지고 있다. 언제든지 떠날 준비를 해야 한다. 수입이 있는 지금 부동산 투자로 수입 파이프라인을 만들어놓아 회사를 그만두게 되더라도 미련 없이 떠날 수 있어야 한다. 더 이상 나의 미래를 회사에 담보로 맡겨 두어선 안 된다. 부자들이 하는 습관과 행동을 따라 해야 한다.

부자들은 돈을 어떻게 바라보고 어떻게 사용하는가? 부자들은 은행을 어떻게 생각하고 활용하는가? 부자들은 부동산을 어떻게 대하고 활용하는가?

당신은 부자가 되려고 하는가? 아니면 빈자가 되려고 하는가?

# 06 하루라도 빨리 부동산 공부를 시작하라

행복해지고 싶으면 남을 돕는 기쁨만을 생의 보람으로 삼자.
– 데일 카네기(미국의 작가, 자기계발 전문가)

## 꿈만 꾸지 말고 진짜 건물주가 되라

은퇴 후에도 30~40년은 더 살아야 한다. 노동력 상실로 인해 경제활
동이 좁아지고 수입이 줄어들게 된다. 모든 사람들의 고민거리고 문제
다. 지금 현실에서 이러한 문제를 해결할 수 있는 거의 유일한 방법은 부
동산이라고 생각한다. 아직 많은 사람들은 저축과 적금으로 돈을 모으
고 있지만 우리가 필요할 시점에는 악착같이 모은 돈이 인플레이션으로
인해 현금가치가 하락하게 되어 생활수준을 받쳐주지 못하게 된다. 막상
닥쳐서 후회하는 일이 없도록 하루 빨리 경제에 눈을 떠야 한다.

요즘은 초등학생에게 "꿈이 뭐니?" 하고 물으면 "건물주요!"라는 대답을 한다. 부동산 부자가 미래의 꿈이라고 말할 정도로 어린아이도 부자로 살 수 있는 길은 부동산이라고 인식하고 있다. 그만큼 살기가 팍팍하다는 사실을 반증한다. 부모님이 힘들게 사는 모습을 보고 자라기 때문에 아이들도 돈의 존재가 대단하다는 것을 알고 있다. 돈이 있으면 원하는 것을 가질 수 있고 편하게 산다고 생각한다. 현대 사회에서는 돈이 절대적인 존재라는 사실을 요즘 아이들이 빨리 알아가는 것 같아 한편으론 씁쓸하기도 하다.

보통 사람들은 부동산에서 돈을 벌었다는 소리를 들어도 잠시 배 아파할 뿐 자신과 상관없다고 생각하고 잊어버린다. 하지만 제대로 부동산을 알면 투자를 하지 않을 수 없다. 가난한 인생에서 구제해줄 수 있는 최고의 도구가 바로 부동산이기 때문이다. 대한민국에서 부동산을 모르면 절대로 부자로 살아갈 수 없다는 사실을 빨리 깨달아야 한다. 모든 부자들은 부동산에 투자를 한다. 왜? 어떤 투자보다 안전하고 확실하기 때문이다.

정기예금으로 2억 원을 은행에 넣어놓으면 예금이자는 한 달에 25만 원(1.5%)정도에 불과하다. 하지만 6% 수익률이 나오는 오피스텔에 투자를 한다면 한 달에 100만 원(2억 원, 6%, 12개월)의 월세를 받을 수 있다.

은행에 저축을 하는 것보다 4배의 수익을 얻을 수 있다. 이러한 사실을 안다면 당연히 부동산에 투자를 해야 하지만 아직도 많은 사람들은 부동산 투자를 두려워하고 어려워한다. 그리고 여전히 은행에 돈을 묶어두고 안전하다고 생각한다.

이러한 생각이 바뀌지 않는 이상 항상 머물러 있는 삶을 살게 된다. 하지만 부자들은 더 큰 부자로 살아가고 있다. 안전하다고 은행에 맡겨놓으면 은행은 많은 사람들의 돈을 가지고 아주 조금의 이자를 지불하고 마음대로 이용한다. 그들도 부동산 투자로 더 많은 자산을 늘려간다.

생각의 틀을 바꾸지 않으면 건물주가 꿈이라는 아이처럼 꿈만 꾸다가 평생 가난하게 살게 될 것이다. 부동산은 은행이자보다 4~6배 이상의 수익을 낼 수 있고 주식, 비트코인, 펀드보다 안전하다. 투자로 인한 위험보다 투자하지 않아서 생기는 위험이 더 크다. 불안한 미래에도 부동산 투자는 완벽한 대비 수단이다. 적금이나 저축으로 시간을 낭비하지 말아야 한다. 저축과 절약만으로는 당신의 미래를 절대로 안전하게 준비할 수 없다.

### 경제적 자유

지인 B씨는 아이들을 가르치며 학원을 운영하고 있는 태권도 사범이다. 그는 부동산 책을 읽고 부동산 투자를 하게 됐다고 했다. 새로운 세상에 눈을 뜨게 된 것이다. 그는 부동산 강의를 듣고 가슴이 뜨거워졌다고 한다. 많은 돈이 있어야 투자가 가능하다고 생각했지만 강의를 듣고 할 수 있겠다는 자신감과 열정으로 소액 투자를 시작했다. 그렇게 부동산 공부와 투자를 하면서 아파트와 빌라를 늘려가고 있다. B씨는 누군가가 만들어놓은 환경에서 자신의 인생을 맞추어 사는 게 싫다고 했다. 자신이 생각하고 결정하는 삶을 살기 위해 열심히 부동산 투자를 한다고 말했다.

B씨는 아직 20대다. 정말 똑똑하고 미래가 밝은 청년이다. 너무 대견스럽다. 남들은 친구들과 어울리고 놀러 다닐 때 B씨는 자신의 미래를 위해서 부동산 공부를 하며 꾸준히 투자를 해나가고 있다. 부동산 투자 연령대는 점점 낮아지고 있다. 부동산 책과 강의를 듣고 많은 정보를 얻는 젊은이들은 돈을 벌고 싶다는 욕망이 강한 만큼 행동도 아주 빠르다. 오히려 젊은 사람들은 정보를 주면 말귀를 더 잘 알아듣고 이해력이 빨라 투자의 결과도 좋다.

그런 사람일수록 더 많은 기회를 가지게 되며 부자로 가는 길은 더욱 빨라진다. 그런 젊은 사람들을 보면 부럽다. 앞으로 펼쳐질 인생의 탄탄대로가 눈에 보이기 때문이다. 잠시 쾌락을 버리고 무엇이 중요한지를 알고 열심히 노력하는 사람들은 축복 받은 사람들이다.

잠시 쾌락을 버리고 무엇이 중요한지를 알고
열심히 노력하는 사람들은 축복 받은 사람들이다.

남들이 부동산 투자를 해서 성공했다는 말을 흘려듣지 말고 어떻게 부자가 되었는지 궁금해하고 알아보아야 한다. 스스로 하지 않으면 어느 누구도 부자의 길을 가르쳐주지 않는다. 답답한 사람이 우물을 파야 한다. 부자로 살고 싶다면 직접 부동산 부자를 만나는 기회도 만들어보고, 부동산 전문가의 강의를 들으며 부동산에 대한 지식을 습득하는 능력을 키워야 한다. 계속 공부를 해서 가치 있는 물건을 찾아보고 알아보고 관심을 가져야 한다. 모든 부자들이 한순간에 부자가 되지 않는다. 꾸준한 노력과 발품으로 시간에 투자를 하는 것이다.

보통 사람들이 부자로 살아갈 수 있는 방법은 부동산 투자라고 이미 많은 책에서 말하고 있다. 나 역시 부동산 책을 보고 동기 부여를 받아 부동산 공부를 하고 바로 소액 투자부터 시작했다. 행동은 즉시 해야 한다. 머뭇거리고 망설이게 되면 우리의 뇌는 두려움과 부정적인 생각으로 두 손과 두 발을 묶어버리게 된다. 그렇게 되면 부동산과 멀어지게 되고 부자의 삶과도 이별하게 된다. 지식만 채우지 말고 소액이라도 직접 부동산 투자를 하는 게 중요하다. 머릿속으로 습득하는 것만 공부가 아니다. 부동산 투자는 실전도 아주 중요하다.

부동산 투자를 하지 않으면 나에게 돌아오는 것이 없기 때문에 아무 소용없는 공부가 되고 만다. 자신이 직접 부동산 투자를 해서 소유권을 가지게 되면 자신감과 성취감으로 더 빠르게 투자를 하게 된다. 현장 경험으로 인해 더 많은 것을 배움으로서 물건 보는 안목이 커지게 된다.

나는 경제적인 자유를 얻기 위해 부동산 투자를 시작했다. 누군가 나에게 부동산 투자를 하라고 권하지도 않았다. 스스로 책을 보고 투자를 시작했다. 부동산은 평범한 삶을 새롭게 바꾸어줄 수 있다고 생각했다. 나의 생각을 그대로 믿는 믿음이 무척 중요하다고 여겼다.

"나는 반드시 부동산으로 일어설 거야!"

언제나 이렇게 스스로에게 다짐을 했다. '가난은 나라님도 구제할 수 없다.'는 말이 있다. 그렇기 때문에 스스로 변화하지 않으면 평생 반복된 삶을 살게 될 것이 뻔하다. 절심함과 절박함으로 행동을 하지 않았다면 나의 삶은 달라지지 않았을 것이다.

그동안 시련과 고통이 있었기 때문에 성장할 수 있었다. 지인의 소개로 '한국책쓰기1인창업코칭협회' 김태광 대표님께서 물심양면으로 많은 도움을 주셨다. 부동산 책을 집필하고 작가의 삶을 살 수 있게 글을 쓰고 있는 이 시간은 나에게 축복의 시간이다. 그리고 많은 사람들이 부동산 투자의 방향을 제대로 잡고 부자의 길로 갈 수 있도록 컨설팅과 동기 부여가로 나침반 역할을 하며 살고 있다.

부동산은 2가지를 동시에 가져다주는 고마운 존재다. 부동산 투자를 했지만 경제적 자유와 시간적 자유를 나에게 안겨주었다. 부동산은 내가 하기 싫은 일은 하지 않게 해주었다. 부동산 부자가 되기 위해서는 하루라도 빨리 부동산 공부를 해야 한다. 한 살이라도 젊을 때 부동산 부자가 되어 풍요로운 삶을 누리고 살아야 한다. 인생에서 가장 중요한 기회를 놓치지 않길 진심으로 바란다.

## 기적의 부동산 재테크 노트

**명확한 꿈과 목표를 가지고 즉시 행동에 나서라**

부자가 되고 싶다고 생각하고 책으로 지식을 쌓아도 배운 대로 실천하지 않으면 아무 소용없다. 많은 사람들이 생각에 그치기 때문에 변함없는 삶을 살아간다. 바로 행동하는 습관이 매우 중요하다.

아무리 좋은 정보와 물건이 있어도 행동하지 않으면 부동산 투자로 부자가 될 수 없다. 절심함과 절박함을 품고 명확한 꿈과 목표를 가지고 달려야 한다.

# 부동산으로 내 아이의 미래까지 준비하라

사람들이 내게 자주 묻는다.

"대단하세요. 어떻게 그렇게 부동산 투자를 하실 수 있으세요?"

내 대답은 간단하다. 가족을 잃고 싶지 않아 부동산 투자를 했고 행복한 삶을 살고 싶어 올인했다. 그 과정에서 나는 더 단단하고 강한 엄마로 다시 태어났다.

부동산에 대해 무지했던 나는 부동산 책을 보고 투자를 하면 돈을 벌 수 있겠다는 확신이 생기는 순간 주저하지 않고 투자를 했다. 조금의 망설임도 없었다. 자신을 믿고 행동을 하는 것이 무엇보다도 중요하다고 생각한다. 부정적인 씨앗을 생각이라는 창고에 심게 되면 어느새 나의 사고를 점령하게 된다. 그렇게 되면 내가 무슨 일을 하더라도 일이 잘 풀리지 않는다. 부자로 사는 사람들은 평범한 사람들과 생각이 다르다. 생각만 하지 않고 빠르게 행동으로 실천했다. 부동산 투자를 하면서 성공한 사람들의 책을 많이 읽었다. 점차 나 역시 부정적인 생각을 버리고 무슨 일이든지 잘 해낼 것이라는 긍정적인 생각만 하게 되었다. 그러자 삶이 더 즐겁고 풍요로워지는 것을 느꼈다.

항상 돈을 잡으려고 했지, 돈을 제대로 활용하지 못했다. 부동산 투자를 하면서 돈을 굴려야 한다는 사실을 알았다. 가지고만 있으면 돈은 나를 위해서 아무것도 하지 않는다. 돈을 모으는 것도 중요하지만 어떻게 가치 있게 활용할지를 생각해보아야 한다. 가진 돈을 잃을까봐 아무것도 하지 않는 어리석은 사람이 되지 말아야 한다. '부동산으로 돈을 버는 사람들을 지켜보기만 하고 나하고는 상관없는 일이라고 생각하면서 부동산 책을 읽어보지 않았더라면 지금 어떤 삶을 살고 있을까?'라는 생각을 하면 아찔하다. 만약에 행동으로 옮기지 않았더라면 계속 세상을 불평불만하면서 쪼들린 삶을 살고 세월을 낭비하고 뒤돌아서서 후회를 했을 것이다. 지금도 많은 사람들은 이러한 상황을 반복하는 삶을 살고 있다.

행복한 가정을 만들기 위해 사람들은 열심히 돈을 벌고 아이를 키운다. 세상에서 가장 소중한 존재가 바로 사랑하는 아들과 딸일 것이다. 오죽하면 '눈에 넣어도 아프지 않다'는 말이 있을까? 부모가 가장 마음이 쓰이고 아픈 것은 사랑하는 아이에게 원하는 것을 척척 해주지 못할 때이다. 나 역시 그러한 아픔이 있기 때문에 누구보다도 더 잘 안다. 돈이 행복의 필수조건이 될 수는 없지만 돈이 없다면 현실에서 살아가기가 힘들다. 사람들이 힘들어하거나 고통받는 일들 대부분이 경제적인 문제다. 이것을 해결하지 않으면 삶의 질은 떨어지고 가족의 화목도 오래가지 못한다. 매번 경제적인 문제에 부딪히게 되면서 서로의 감정이 날카로워진다. 사랑해서 결혼을 하지만 아이를 키우고 생활을 하다 보면 어느새 돈에 끌려 다니는 삶을 살게 된다. 이렇듯 사람들에게 돈이 얼마나 많은 부분을 차지하는가를 바로 인식하고 미래를 준비해야 한다.

많은 사람들을 만나보면 하나같이 '부동산에 대해 잘 몰라서 망설이게 되고 두려워요.', '힘든 현실에서 벗어나고 싶어요.', '투자를 하고 싶지만 어떻게 해야 할지 모르겠어요.'라는 사람들이 여전히 많다. 예전의 나 역시도 투자를 해서 돈을 벌고 싶었지만 방법을 몰라 직장생활을 하면서 아까운 시간을 허송세월했다. 이렇게 좋은 투자가 있는데 하지 않는 것이 안타까워서 이 책을 읽고 조금이나마 용기를 내어 희망찬 삶을 내딛는 계기가 되길 소망한다.

이제 엄마들은 돈이 없는 착한 엄마보다 강한 부자 엄마가 되어야 한다. 돈이 없는 착한 엄마는 아이를 제대로 지원해줄 수 없다. 그런 아이와 엄마는 무엇보다 행복할 수 없다. 서로에게 힘든 시간과 고통만 있을 뿐이다. 부자 엄마는 힘든 고난과 시련을 이겨내고 성장하는 강한 엄마다. 아이의 꿈을 응원해줄 수 있는 강한 엄마가 되어야 한다. 부동산 투자는 모두에게 열려 있는 부자의 길이다. 행복한 가정과 아이의 미래를 준비하기 위해서는 부동산 투자는 필수다. 나는 부동산 투자를 하면서 긍정적이고 밝은 미래를 얻었다. 지금 작가가 되어 글을 쓰는 행운과 많은 사람들에게 영감을 주는 동기 부여가로 활동하면서 바쁘게 살아가고 있다.

직장생활만으로는 경제적인 어려움을 극복하기 힘들다. 소비는 자본주의 사회에서 끊임없이 발생하는 일상이다. 앞으로 시간이 갈수록 지출은 많아지고 돈을 벌 시간은 짧아진다. 그러니 무형의 자산이 아닌 건실하게 보이는 부동산을 기반으로 금융자산 파이프라인을 만들어야 한다. 우리의 삶은 살아가는 동안에는 돈하고 떼려야 뗄 수가 없다. 자신의 환경이 어려워도 꾸준히 노력을 하면 분명히 발전적인 삶을 이룰 수 있다. 나의 환경은 내가 만들어가는 것이다.

한 살이라도 젊을 때 부지런히 움직여서 자신의 삶을 바꾸는 데 투자를 해야 한다. 하루하루 낭비하는 삶을 산다면 결코 행복한 미래의 삶은 주어지지 않는다. 부동산 투자는 자신뿐만 아니라 내 아이의 미래를 준비하는 최고의 수단이다.

사랑하는 가족과 함께 행복하고 풍요로운 삶을 추구하는 모든 이들에게 이 책을 바친다.

부록

# 왕초보를 위한 부동산 용어 풀이 모음

## 경매

채권자가 채무자로부터 담보로 제공받은 부동산에 설정한 담보권을 실행하는 것이 경매이다.

## 공동투자

소자본으로 큰 평수의 땅을 낮은 시세로 구입해 마음이 맞는 사람들과 돈을 모아 공동으로 사서 수익을 올리는 것이다. 등기는 각각 하는 것이 좋다.

## 권리금

영업시설, 비품 등 유형물이나 거래처, 신용, 영업상의 이점 등 무형의
재산적 가치의 양도 또는 일정 기간 동안의 이용 대가이다.

## 권리분석

입찰하는 부동산의 권리 상태를 파악하는 작업을 뜻한다. 소유권 이전과
함께 따라오는 임대보증금, 가압류 등 다른 사람들의 권리를 없애기 위
해 낙찰자가 별도로 내야 하는 금액이 얼마인지를 분석해서 수익률을 확
보해야 한다.

## 기초생활수급자

소득 인정액이 중위소득 30~50% 이하로 최저 생계비에 못 미치는 사람
을 말한다. 생활비 지원은 생계급여, 의료급여, 주거급여, 교육급여 등
네 분야로 나눠진다.

## 다가구

한 건물에 여러 가구가 거주할 수 있도록 구성되어 있다. 소유는 1인만
가능하다.

## 대지

집을 지을 수 있는 땅을 말한다.

## 로열동, 로열층

전망과 채광이 좋아 여름에는 곰팡이가 생기지 않고 겨울에는 결로현상이 없어 많은 사람들이 선호한다.

## 리모델링

낡고 오래된 아파트나 주택 등을 생활에 편리하게 쓸 수 있도록 새롭게 고치는 것이다. 그리고 건축물의 노후와 억제 또는 기능 향상을 위해서 대수선 또는 일부 증축하는 행위를 말한다.

## 매도인

부동산을 팔아서 넘겨주는 사람

## 매매가 대비 전세가율

매매시세 가격과 전세가격의 비율을 말한다. 매매가 대비 전세가가 높다는 것은 그 지역의 아파트가 인기가 많다는 의미이다.

## 매매수수료

중개인이 의뢰인의 부동산 매매 거래를 성사시키고 받아가는 중개수수료를 말한다. 매매거래 금액에서 상한요율로 계산해서 정한다.

## 면책

면책을 받은 채무자는 파산절차에 의한 배당을 제외하고는 파산채권자에 대한 채무의 전부에 관하여 책임이 면제된다.

## 보유세

부동산을 보유하고 있는 사람에게 부과되는 세금으로 재산세와 종합부동산세를 말한다.

## 보증금

건물임대차에 있어서 임차인의 채무를 담보하기 위하여 임대인에게 교부되는 금전이다.

## 부동산

토지를 포함하여 토지와 연결되어 있거나 토지와 접촉하고 있는 모든 것을 가리킨다고 말할 수 있다.

## 동산

토지나 건물에 항구적으로 부착되어 있지 않아 이동할 수 있는 물건을 말한다.

## 분양가

아파트를 분양할 때 매기는 가격이며, 평수와 지역에 따라 분양가가 다르게 적용된다.

## 상가

1. 근린상가는 집근처에 있는 상가로 흔히 골목상권이라고 한다.
2. 단지 내 상가는 아파트 단지 내에 있는 상가다.
3. 주상복합 상가(구분상가)는 주상복합아파트나 오피스텔 건물 내에 있는 상가를 말한다.

## 수익률

투자 수익에 대한 객관적인 지표인 수익률은 본인이 얼마를 투자해 얼마의 수익을 올렸는지 계산한다. 투자 금액 대비 투자 수익에 대한 비율이다.

## 수익형 부동산

수익형 부동산은 시세차익을 바라고 투자하는 상품이 아니다. 꾸준한 임대수익을 안정적으로 창출하는 상가, 오피스텔, 지식산업센터, 점포주택 등이 있다.

## 시세차익

부동산을 매입하고 일정한 시간이 지났을 때 물건의 가격이나 시세변동에 따라서 생긴 이익이다.

## 신축공사/리모델링

신축공사란, 대지에 없던 건물을 새로 만드는 것을 말한다.

## 실물자산

실물자산은 형체가 있는 부동산을 말한다.

## 실투자금

투자자금으로 실제 내 주머니에서 나가야 할 돈이다.

## 아파트

공동 주택으로 5층 이상의 건물을 층마다 여러 집으로 일정하게 구획하여 각각의 독립된 가구가 생활할 수 있도록 만든 주거 형태다.

## 양도소득세

토지, 건물 등 고정자산의 영업권, 특정 시설물의 이용권, 회원권 등 대통령령으로 정하는 기타 재산의 소유권 양도에 따라 생기는 양도소득에 대해 부과하는 조세를 말한다.

## 역전세난

전셋집 공급은 늘었지만 수요가 줄어듦에 따라 전세계약이 안 됨으로써 생기는 어려움을 말하는 것으로 수요와 공급이 고르지 않아 생기는 현상이다.

## 오피스

사람들이 일을 하는 장소로 사용하는 사무실이며, 화장실 설치가 되어 있지 않은 공간으로 공간 효율성이 높다. 필요에 따라 사무공간을 더 넓히는 것도 가능하다.

## 인플레이션

통화량의 증가로 화폐 가치가 하락하고, 모든 상품의 물가가 꾸준하게 오르는 경제 현상이다.

## 임대 아파트

임대 아파트는 무주택자, 저소득층의 주거 안정을 위해 소형 평수를 지어 임대방식으로 거주할 수 있게 한다. 저렴한 보증금과 임대료로 제공해주는 주택이다.

## 임대등록

부동산을 여러 채 소유하면 재산세, 종합부동산세, 양도세 금액이 커진다. 임대업을 하는 사람이라면 주택임대사업자등록을 해야 절세를 할 수 있다.

## 잔금

집이나 토지를 매각한 값을 여러 번 나누어 치르는 일에서 마지막으로 치르는 돈이다.

## 재산세

부동산을 보유하고 있는 사람에게 부과되는 세금으로 재산세와 종합부동산세를 말한다.

## 전세수수료

임대인이 임차인에게 전세를 놓기 위해 중개인에게 의뢰를 해서 거래를 성사시킬 시에 지불하는 전세보증금에서 상한요율로 계산해서 정한다.

## 점포주택

점포와 주거로 쓰이는 형태로 상가와 주택이 혼합된 건축물이다.

## 종합부동산세

종합부동산세의 과세대상은 주택과 토지이며, 납세의무자는 주택은 매년 6월 1일 현재 주택분 재산세의 납세의무자로서 국내에 있는 재산세과세대상인 주택의 공시가격을 합산한 금액이 6억 원(개인의 경우 세대별로 합산한 금액을 말한다)을 초과하는 것이다. 토지는 과세기준일 매년 6월 1일 현재 토지분 재산세의 납세의무자로서 종합합산과세대상은 국내에 소재하는 당해 과세대상토지의 공시가격을 합한 금액이 3억 원(개인의 경우 세대별로 합산한 금액을 말함)을 초과하는 자가 과세대상이다.

## 주거 전용면적

주거용으로 쓰이는 건축물의 면적으로 주거의 용도에 직접 쓰이지 않는 공용부분의 면적을 제외한 면적을 말한다.

## 중개수수료

부동산 등의 매매나 임대차 거래를 하고 계약체결을 성사하였을 시 중개업자와 중개의뢰인 간에 수수되는 금품이다.

## 중과

4월 1일부터 다주택자에 대한 양도소득세 중과가 본격 시행하고 있다. 예외로는 3주택 보유자의 경우 수도권, 광역시, 세종시 외 지역의 3억 원 이하 주택은 양도세를 계산할 때 제외되며 2주택자가 수도권 이외 지역에서 취학, 질병요양 등의 이유면 제외된다. 8년 이상 장기 임대주택으로 등록하는 경우 제외된다.

## 중도금

부동산을 거래할 때 계약금과 잔금 사이에 일부 치르는 돈을 말한다. 가장 흔하게 접할 수 있는 예는 아파트 중도금을 치를 때 분양가의 60% 정도를 여러 번에 나누어 내는 돈을 말한다.

## 청약 통장

2009년 5월 6일 출시된 상품으로 청약저축, 청약예금, 청약부금을 구별했던 기능을 한데 통합했다. 국민 주택과 민영주택을 가리지 않고 모든 신규 분양주택에 사용할 수 있어 만능 청약통장이라고 한다.

## 취득세

취득세는 동산이나 부동산 등의 자산을 취득한 이에게 부과되는 세금이다.

## 투기

단기간에 대폭적인 가격변동이 있을 것을 예견한 매매행위와 투자이익을 많이 남기기 위해 매물을 사고 파는 것을 투기라 한다(매물을 이용, 관리할 의사가 없는 것).

## 투자

일반적 시장가격으로 거래되며 예측이 가능한 정당한 이익을 추구하는 행위다(매물을 이용, 관리할 의사가 있는 것).

## 파산 신청

파산 신청을 하게 되면 빚 독촉과 압류 및 가압류, 강제집행이 중단된다.

## 파산

채무자가 채무를 갚을 능력이 없게 될 경우 채무자의 총재산을 모든 채권자에게 채권비율대로 변제하는 절차를 말한다.

## 펀드

주식이나 채권 파생상품으로 유가증권에 투자하기 위해서 조성되는 투자자금으로 일정금액 규모의 자금 운용 단위다(펀드는 주가가 떨어질 경우에 생기는 손해를 펀드매니저가 책임져주지 않음).

## 품귀현상

특정 물건에 매수가 일어나면서 공급은 부족하고 수요가 꾸준하게 증가하면서 공급이 따라가지 못해 생기는 현상이다.

## 환금성

유동성으로 필요시에는 언제든지 쉽게 현금화할 수 있는 성질이다.

당신을 부자로 만들어줄
# 부동산 왕초보 엄마의 기적의 재테크

초 판 1쇄   2018년 08월 27일

지은이 김은화
펴낸이 류종렬

펴낸곳 미다스북스
총   괄 명상완
책임편집 이다경

등록 2001년 3월 21일 제2001-000040호
주소 서울시 마포구 양화로 133 서교타워 711호
전화 02) 322-7802~3
팩스 02) 6007-1845
블로그 http://blog.naver.com/midasbooks
전자주소 midasbooks@hanmail.net
페이스북 https://www.facebook.com/midasbooks425

© 김은화, 미다스북스 2018, *Printed in Korea*.

ISBN 978-89-6637-590-5 03320

값 15,000원

미다스북스는 다음세대에게 필요한 지혜와 교양을 생각합니다.